Formando el carácter de la última generación
2

"Recibe el Espíritu Santo"

Edición original

Alonzo T. Jones

Copyright ©2023
LS Company
ISBN: 979-8-8690-2639-2

1ra Edicion 2023

Contenido

Prefacio 5

Capítulo 1-Somos consolados 7

Capítulo 2-Tres editoriales sobre el Espíritu Santo 10

Capítulo 3-La plenitud del Espíritu...14

Capítulo 4-El espíritu de sabiduría y santidad 17

Capítulo 5-El Espíritu dirige y da alegría................................20

Capítulo 6-El fruto del Espíritu es . . . La paz 24

Capítulo 7-Lleno en el tiempo de la lluvia tardía....................27

Capítulo 8-Somos sus testigos...31

Capítulo 9-Lleno del Espíritu Santo y de sabiduría 35

Capítulo 10-¿Recibió usted el Espíritu Santo? 40

Capítulo 11-El Espíritu Santo os ha hecho supervisores 44

Capítulo 12-El Espíritu Santo recibido por la fe 47

Capítulo 13-Sin recibir al Espíritu Santo.................................50

Capítulo 14-Para perfeccionar la nueva creación 54

Capítulo 15-Otorgado e impartido 57

Capítulo 16-Cumplir los mandamientos 61

Capítulo 17: Hacia la perfección 63

Capítulo 18-Deseo de dones espirituales 66

Capítulo 19-No contristéis al Espíritu 68

Capítulo 20-Sellarnos para la redención 70

Capítulo 21-Perfeccionarnos para la redención 73

Capítulo 22-El misterio de Dios 76

Capítulo 23-Imputar e impartir 81

Capítulo 24-Bautizados por el Espíritu 85

Capítulo 25-La unidad del Espíritu 88

Capítulo 26-El Espíritu nos enseña 91

Índice:
MS—Mensajes Selectos

Prefacio

En los siguientes artículos de A. T. Jones, las referencias a Dios se han escrito en mayúsculas; los "tú" y "vosotros" se han actualizado para reflejar un uso más común, así como otras correcciones menores realizadas en aras de la legibilidad.

El élder Jones cita con frecuencia el Espíritu de Profecía y, siempre que es posible, se hace referencia a estas citas en una nota a pie de página.

Sólo uno o dos de estos artículos llevaban título - la mayoría aparecían bajo el encabezamiento semanal de "Nota editorial" o simplemente, "Editorial". Los subtítulos se han extraído del contexto de cada artículo y se han añadido para facilitar la referencia a cada uno de ellos - de lo contrario, la mayoría tendrían el mismo nombre.

Capítulo 1—Somos Consolados

"Cristo inculcó a sus discípulos que debían pedir a Dios en oración el don del Espíritu Santo; y entonces, poniéndose en actitud de recibir, recibirían todos los dones comprendidos en el don del Espíritu."

Jesús dice: "Sin mí no podéis hacer nada".

Pero Él se ha ido; no está aquí como estaba cuando dijo esto.

Sin embargo, está bien, porque era conveniente para nosotros que Él se fuera así.

Sin embargo Él dice: No os turbéis: "No os dejaré sin consuelo: vendré a ti".

No nos quedamos sin consuelo, porque Él viene a nosotros por el Consolador. Y "el Consolador, que es el Espíritu Santo", "permanecerá con nosotros para siempre".

El Espíritu Santo trae la presencia de Cristo al creyente, para morar con él para siempre. "Su Espíritu en el hombre interior; para que habite Cristo en vuestros corazones, . . . para que seáis llenos de toda la plenitud de Dios".

El Espíritu Santo viene a morar con nosotros para siempre. El Espíritu Santo trae la presencia de Cristo para morar con nosotros para siempre. Por eso dice Jesús: "Yo estoy con vosotros todos los días, hasta el fin del mundo". "No os dejaré ni os desampararé jamás".

Jesús dijo: "Sin mí no podéis hacer nada". Es el Espíritu Santo el único que nos trae a Cristo. Por lo tanto es tan claro como el A-B-C, y tan cierto como la palabra de Dios, que sin el Espíritu Santo no podemos hacer nada.

Profesar religión, unirse a la iglesia, "trabajar en la causa", son todos "nada" sin el don, el bautismo y la permanencia para siempre del Espíritu Santo. "Pedid, y se os dará". "Recibid el Espíritu Santo".

"El Señor Jesús quiere que todos estén en el lugar que les corresponde. Él hace uso de la influencia de un creyente, de la riqueza de otro y de los logros de otro. En todos está inscrito: Santidad al Señor. Todo está santificado y apartado para un propósito santo. Todos deben cooperar con Dios. La mente, el corazón, el alma y la fuerza pertenecen a Dios. Somos suyos por creación y por redención. "¿No sois vuestros? Porque habéis sido comprados por precio; glorificad, pues, a Dios en vuestro cuerpo y en vuestro espíritu, que son de Dios".

Cuando Cyrus W. Field, el creador del cable atlántico, dejó su casa a los quince años para abrirse camino en el mundo, su padre le dijo: "Cyrus, estoy seguro de que tendrás éxito; porque tus compañeros de juego nunca pudieron sacarte a jugar, hasta que todo el trabajo del que eras responsable estuviera hecho". Eso es suficiente garantía de que cualquier niño tendrá éxito. Es simplemente fidelidad. Y la fidelidad en sí misma es el éxito.

"El que no tiene suficiente fe en Cristo para creer que Él puede guardarle de pecar, no tiene esa fe que le dará entrada en el reino de Dios." -*Manuscrito 161, 1897; ver MS, Tomo 3, pág. 360.*

The Advent Review and Sabbath Herald, 22 de febrero de 1898.

Extra:

"Podemos haber tenido una medida del Espíritu de Dios, pero por la oración y la fe debemos buscar continuamente más del Espíritu. Nunca cesarán nuestros esfuerzos. Si no progresamos, si no nos ponemos en actitud de recibir tanto la primera lluvia como la segunda, perderemos nuestras almas, y la responsabilidad recaerá en nuestra propia puerta." -*Review and Herald: 2 de marzo de 1897.*

Capítulo 2—Tres editoriales sobre el Espíritu Santo

Editorial 1: "El fruto del Espíritu"

"El fruto del Espíritu es amor, alegría, paz, longanimidad, mansedumbre, bondad, fe, mansedumbre, templanza".

Para que haya fruto, tiene que haber raíz. Es imposible tener fruto sin tener antes una raíz.

Por tanto, para que el fruto del Espíritu aparezca en la vida, el Espíritu Santo mismo debe ser la raíz de la vida. Para que el fruto del Espíritu aparezca en el árbol, el Espíritu Santo mismo debe ser la vida del árbol.

Es imposible que el amor genuino, o el gozo, o la paz, o la longanimidad, o la mansedumbre, o la bondad, o la fe, o la mansedumbre, o la templanza, aparezcan en la vida, sin que el Espíritu Santo sea la raíz, el manantial, de la vida-sí, incluso la vida misma.

No es verdadero amor el que ama sólo a los que te aman, sino el que ama a todos, incluso a los enemigos. No es verdadera bondad la que hace bien sólo a los que te hacen bien, sino la que hace bien a todos, incluso a los ingratos y a los malos. (Lucas 6, 32-35).

El verdadero amor, o gozo, o paz, o longanimidad, o mansedumbre, o bondad, o fe, o mansedumbre, o templanza, no viene de nosotros mismos, no viene de este mundo; viene sólo de Dios, es fruto sólo del Espíritu de Dios.

Todos pueden tener el fruto del Espíritu, porque todos pueden tener el Espíritu. "Pedid y se os dará". "Recibid el Espíritu Santo".

The Advent Review and Sabbath Herald, 22 de marzo de 1898.

Editorial 2: "Justicia, paz y alegría"

"El reino de Dios no es comida ni bebida, sino justicia, paz y gozo en el Espíritu Santo".

Siendo el reino el reino de Dios, la justicia es sólo la justicia de Dios, la paz es sólo la paz de Dios, y el gozo es sólo el gozo de Dios- gozo en el Espíritu Santo; se encuentra sólo en el Espíritu Santo.

Y "de cierto, de cierto os digo, que el que no naciere de nuevo, no puede ver el reino de Dios".

A menos que un hombre nazca de nuevo, no puede ver la justicia, no puede ver la paz, no puede ver la alegría en el Espíritu Santo.

Nacer de nuevo es nacer de lo alto. Es nacer en las cosas de Dios. Es nacer del agua y del Espíritu.

Las cosas del reino de Dios -la justicia, la paz y el gozo- sólo pueden conocerse por medio del Espíritu de Dios; porque "las cosas de Dios nadie las conoce, sino el Espíritu de Dios."

Y "el reino de Dios está dentro de vosotros". ¿Está dentro de ti la justicia, la paz y la alegría en el Espíritu Santo? Si no es así, ¿por qué no?

¿Pretendes ser cristiano -ciudadano del reino de Dios- y no tienes los elementos esenciales -de hecho, el reino mismo- dentro de ti?

Si esto es así, sólo puede ser porque no has nacido del Espíritu. Y "si alguno no tiene el Espíritu de Cristo, no es de Él".

Oh, el Padre Celestial está más dispuesto a darles el Espíritu Santo que ustedes a dar buenos regalos a sus propios hijos. "Pedid y se os dará". "Recibid el Espíritu Santo".

The Advent Review and Sabbath Herald, 5 de abril de 1898.

Editorial 3: "La prenda de nuestra herencia"

El "Espíritu Santo de la promesa" "es el anticipo de nuestra herencia hasta la redención de la posesión adquirida."

Un "anticipo" es "una parte pagada de antemano en un contrato, como garantía del todo".

Dios en Cristo se ha comprometido a darnos una herencia eterna en "una patria mejor" que ésta, "es decir, celestial", que tiene por capital una ciudad gloriosa, "cuyo arquitecto y constructor es Dios".

Esta herencia es todo comprado y todo pagado, para nosotros. Pero aún no ha llegado el momento de la plena redención de la posesión adquirida.

Pero Aquel que se ha comprometido a dárnosla cuando haya sido completamente redimida, nos paga una parte por adelantado, nos da una fianza, como garantía de toda la posesión eterna.

Las arras, esa parte pagada de antemano en el contrato, es el Espíritu Santo. Esa seguridad para la posesión eterna es el Espíritu Eterno.

Si tienes ese Espíritu, y mientras lo tengas, estás seguro de esa herencia etern a. Si no tienes ese Espíritu, no tienes ninguna seguridad de la herencia.

Pero la herencia es un don gratuito para todos; y también lo es la fianza, la garantía de ella, un don gratuito para todos. Y esa seguridad es "ese Espíritu Santo de la promesa".

"Pedid y se os dará". "Recibid el Espíritu Santo".

The Advent Review and Sabbath Herald, 3 de mayo de 1898

Capítulo 3—La Plenitud del Espíritu

Dios nos eligió en Cristo "antes de la fundación del mundo, para que fuésemos santos y sin mancha delante de Él en amor" (Ef. 1:4).

Pero "todos nosotros nos descarriamos como ovejas". "Todas se han desviado del camino, todas a una se han vuelto inútiles; no hay ninguna que haga el bien, ni siquiera una".

Pero cuando éramos así enemigos y estábamos alejados en nuestra mente por las malas obras, cuando habíamos perdido por completo aquello para lo que Dios nos eligió, Él nos reconcilió en el cuerpo de Su carne por medio de la muerte, para presentarnos santos e irreprensibles e irreprochables ante Él" (Col. 1:21, 22).

Es Suyo, no nuestro, el presentarnos así. Costó "toda la plenitud de Dios" hacerlo; y sólo Aquel que podía pagar ese precio podía tener el poder, y obtener el derecho, de hacerlo. Y que alguien más que Él se comprometa a "presentaros santos y sin mancha e irreprensibles delante de Él", es intentar lo imposible.

Nadie más que Él puede hacerlo. Pero bendito sea el Señor, Él tiene el poder, y ha comprado el derecho pagando la totalidad del precio. El Señor ha puesto "la ayuda sobre uno que es poderoso;" y Él "es poderoso para guardaros sin caída, y presentaros sin mancha delante de su gloria con gran alegría."

Puede hacerlo.

Él lo hará por ti, si tú se lo permites.

Déjalo.

El número siete se utiliza en la Biblia para representar la plenitud, lo completo.

La expresión "los siete espíritus de Dios", por lo tanto, esto que se utiliza varias veces en la Biblia, significa la plenitud, lo completo, del Espíritu de Dios.

En otras palabras, representa la manifestación plena y completa del Espíritu Santo en todas sus características, en todas las fases de la diversidad de sus operaciones.

¿Cuáles son, entonces, estas siete características del Espíritu de Dios? Si podemos saber cómo se manifestó el Espíritu en Cristo, sabremos cuáles son estas características; porque Él estaba lleno de toda la plenitud de Dios.

¿Podemos saber esto de Cristo? Lee esto: "Y reposará sobre él el Espíritu de Jehová, espíritu de sabiduría y de inteligencia, espíritu de consejo y de fortaleza, espíritu de ciencia y de temor de Jehová". (Isa. 11:2).

Sólo hay siete: cuéntalos:-

1. El Espíritu del Señor; es decir, el espíritu de misericordia, de gracia, de longanimidad, de abundancia de bondad y de verdad, y de perdón de la iniquidad, de la transgresión y del pecado; porque ése es el Señor. (Ex. 34:5-7).

2. El espíritu de "sabiduría".

3. El espíritu del "entendimiento".

4. El espíritu del "consejo".

5. El espíritu de "poder".

6. El espíritu del "conocimiento".

7. El espíritu del "temor del Señor".

El don del Espíritu Santo, por lo tanto, es el otorgamiento de la disposición y el carácter del Señor; es el otorgamiento de sabiduría, de entendimiento, o consejo, de poder, de conocimiento, y del temor del Señor, a todos los que reciben el don del Espíritu Santo. Y como con Jesús, hará al receptor "de pronto entendimiento en el temor del Señor".

En la manifestación de la plenitud del Espíritu en la Iglesia, Él reparte a cada uno como quiere; porque "a uno es dada por el Espíritu palabra de sabiduría; a otro, palabra de ciencia por el mismo Espíritu", etc. (1 Co. 12:8).

"Pedid y se os dará". "Recibid el Espíritu Santo".

The Advent Review and Sabbath Herald, 17 de mayo de 1898.

Capítulo 4—El Espíritu de Sabiduría y Santidad

Editorial: "El espíritu de la sabiduría"

El Señor desea que "os dé el Espíritu de sabiduría y de revelación en el conocimiento de Él".

El Espíritu de sabiduría es el Espíritu de Cristo; porque Él "se nos ha hecho sabiduría".

El Espíritu de sabiduría es el Espíritu de Dios, pues es una de las características de la manifestación de "los siete Espíritus de Dios".

El Espíritu de sabiduría es el mismo Espíritu que Cristo tenía; porque el Espíritu de sabiduría reposaba -permanecía, moraba- sobre Él. El Espíritu descendió "del cielo como paloma, y habitó sobre Él".

El Espíritu de revelación en el conocimiento de Él es claramente el Espíritu por quien vino la revelación de las cosas de Dios; y ése es claramente el Espíritu de Dios,- el Espíritu Eterno,- por quien "Dios nos ha revelado" las cosas profundas de Dios, que "ojo no vio, ni oído oyó, ni han subido en corazón de hombre".

El Espíritu de revelación es el Espíritu por el cual la palabra de Dios, las Escrituras, vino "en tiempos antiguos". Porque "la profecía no vino en otro tiempo por voluntad humana, sino que los santos hombres de Dios hablaron siendo inspirados por el Espíritu Santo."

El deseo expreso del Señor, por tanto, es que Él "os dé", y que vosotros tengáis, el Espíritu de Dios, el mismo Espíritu que Jesús tuvo, y el mismo Espíritu por quien fueron dadas las Escrituras. Oh, Él desea que ustedes tengan, sí, que sean llenos del Espíritu Santo.

"Pedid y se os dará". "Recibid el Espíritu Santo".

The Advent Review and Sabbath Herald, 24 de mayo de 1898.

Editorial: "El espíritu de santidad"

El Señor viene.

Y sin santidad, nadie puede verle en paz.

¿Tienes santidad?

¿Cómo puede alguien tener santidad sin "el Espíritu de santidad"?

¿Y cómo puede alguien tener el Espíritu de santidad sin el Espíritu Santo?

¿Tienes el Espíritu Santo?

"¿Pensáis que la Escritura dice en vano: El Espíritu que mora en nosotros desea la envidia?".

Entonces seguramente, con un espíritu como ese, ningún hombre puede ver al Señor en paz.

Pero Él dice: "Un Espíritu nuevo pondré dentro de vosotros", y "Él... permanecerá con vosotros para siempre".

No quiere que el espíritu que desea la envidia permanezca contigo para siempre. ¿O sí?

Él quiere que Su propio Espíritu -el Espíritu Santo- permanezca contigo para siempre. ¿Quiere usted?

Así, teniendo el Espíritu de santidad morando contigo para siempre, tendrás santidad.

Y teniendo santidad, puedes ver al Señor en paz cuando Él venga. Y Él viene pronto. "Prepárense, prepárense, prepárense".

"Pedid y se os dará". "Recibid el Espíritu Santo".

The Advent Review and Sabbath Herald, 7 de junio de 1898.

Capítulo 5—El Espíritu Dirige y da Alegría

Editorial: "Dirigidos por el Espíritu"

De los ángeles está escrito: "¿No son todos espíritus ministradores, enviados para ministrar a favor de los que serán herederos de la salvación?".

Sin embargo, en esta ministración los ángeles van sólo como son dirigidos por el Espíritu de Dios; porque está escrito: "A donde el Espíritu tenía que ir, ellos iban".

Ahora bien, a los hombres está escrito: "De la manera que cada uno ha recibido el don, así también ministradlo los unos a los otros, como buenos administradores de la multiforme gracia de Dios."

Así, los hombres que participan de la gracia de Dios, que trae la salvación, están comprometidos en el mismo ministerio que los ángeles.

Y así como los ángeles ejercen este ministerio sólo cuando son dirigidos por el Espíritu de Dios, ¿cómo puede ejercerlo un ser humano si no es bajo la dirección del Espíritu de Dios?

Así como los ángeles, para realizar este ministerio según la voluntad de Dios, deben ser dirigidos por el Espíritu de Dios, ¡cuánto más nosotros, que somos tan inferiores en poder, fuerza y santidad, debemos ser conducidos a realizar el mismo ministerio según la voluntad de Dios, cuánto más debemos ser dirigidos por el Espíritu de Dios!

¡Cuán importante es entonces que todos los que profesan ser el pueblo de Dios reciban, sean bautizados con el Espíritu Santo!

Sin esto, ¿qué podemos hacer? ¡Qué importante es el mensaje que ahora el Señor envía a su pueblo: "Recibid el Espíritu Santo"!

"Pedid y se os dará". "Recibid el Espíritu Santo".

The Advent Review and Sabbath Herald, 21 de junio de 1898.

Editorial: "El Espíritu nos hace saber"

"En aquel día sabréis que Yo estoy en Mi Padre, y vosotros en Mí, y Yo en vosotros" (Juan 14:20).

¿En qué día? -El día en que vendría el Consolador; el día en que Él mismo, por el Consolador, vendría.

Porque Él dijo: "No os dejaré huérfanos; vendré a vosotros"; y: "En aquel día sabréis que yo estoy en mi Padre, y vosotros en mí, y yo en vosotros".

¿Lo sabes? ¿Sabes que Él está en Su Padre, y tú en Él, y Él en ti?

Si no lo sabéis, ¿por qué no lo sabéis? -Sólo puede haber una razón para que alguien no lo sepa; y es que no ha recibido al Consolador, que es el Espíritu Santo.

Pues "en esto sabemos que permanecemos en Él, y Él en nosotros, porque nos ha dado de su Espíritu" (1 Jn 4, 13).

Entonces, cuando Él ha prometido que "conoceremos", y ha provisto abundante y gratuitamente los medios por los cuales conoceremos que "permanecemos en Él, y Él en nosotros", ¿por qué habría de pasar alguien una sola hora sin ese bendito conocimiento?

"Lo sabréis". "Por esto sabemos". ¡Bendito, bendito conocimiento! ¡Gracias al Señor!

"Pedid y se os dará". "Recibid el Espíritu Santo".

The Advent Review and Sabbath Herald, 28 de junio de 1898.

Editorial: "Alegría en el Espíritu"

"La alegría del Señor es tu fuerza" (Neh. 8:10).

¿Sabías que hay una verdadera fuerza vivificante en la alegría del Señor?

Es realmente así, como puede certificarlo por experiencia cualquiera que conozca la alegría del Señor.

¿Cómo podría ser de otro modo? ¿Acaso la mera alegría humana no reanima y fortalece? ¡Cuánto más en la alegría divina, en la alegría que es del Señor y que viene directamente de Él al creyente!

Cuando una persona está agotada, cansada y a punto de desfallecer, y justo en ese momento recibe una noticia alegre, ¿no se disipa de inmediato todo su pensamiento de desvanecimiento por la alegría? y ¿no se sustituye todo su cansancio por la frescura y la fuerza que ha traído la alegría?

Y si esto es verdad en los asuntos totalmente humanos, ¡cuánto más ha de serlo en los asuntos divinos! Así es, como lo saben todos los que conocen la alegría del Señor.

Pero, ¿cómo participaremos de la alegría del Señor?

La alegría del Señor en la vida humana es el fruto del Espíritu de Dios. "El fruto del Espíritu es. . la alegría". Y no podemos tener el fruto sin la raíz.

"El reino de Dios es... justicia, paz y gozo en el Espíritu Santo" (Rm 14,17); y "el reino de Dios está dentro de vosotros" (Lc 17,21).

Por eso, la alegría del Señor en la vida humana es sólo por el Espíritu Santo. Y "la alegría del Señor es tu fuerza".

¿Es la alegría del Señor tu fuerza?

¿Estás agotado, cansado y a punto de desmayar? "El gozo del Señor es tu fortaleza"; y esto sólo viene por el Espíritu Santo. ¿Has recibido el Espíritu Santo?

"Pedid y se os dará". "Recibid el Espíritu Santo".

The Advent Review and Sabbath Herald, 5 de julio de 1898.

Capítulo 6—El Fruto del Espíritu es . . . Paz

"La paz os dejo, mi paz os doy" (Jn 14,27).

¿Dónde deja Su paz? "Contigo".

Entonces, cuando Él deja Su paz contigo, ¿no es contigo?

Que lo aceptes o no, es otra cuestión: pero ¿dónde está la paz de Cristo, la paz de Dios? Dice que la deja "con vosotros".

Cuando dejas una cosa a una persona, ¿no está esa cosa ahí? Independientemente de que esa persona lo use o le preste atención, ¿no está ahí?

Muy bien: cuando el Señor dice: "La paz os dejo", ¿no está esa paz justo donde la deja? Él dice que la deja con ustedes; entonces está con ustedes. Ya sea que la uses o no, está ahí, está contigo.

Entonces, ya que Él lo deja contigo; y ya que está contigo de todos modos, no porque seas tan bueno que lo merezcas, no porque te lo hayas ganado, sino que está contigo simplemente porque Él lo deja contigo, tómalo y disfrútalo.

Pero más que esto: Dice: "Mi paz os doy".

Cuando Él te lo da, ¿no te pertenece? ¿No es, entonces, tuyo?

Cuando le das algo a una persona, ¿no consideras que le pertenece? Y si duda de que le pertenece y os trata a ti y a la cosa como si no le perteneciera, ¿no te sientes decepcionado y apenado?

Sin embargo, el Señor dice, y desde hace tanto tiempo: "Mi paz os doy".

Entonces, cuando Él te lo ha dado, ¿no te pertenece? Por supuesto que sí.

Sin embargo, ¿has pasado todos estos días y años sin ella? ¿Y sigues sin ella? ¿Dudas de que realmente te pertenezca? ¿Tratas tanto al Señor como a Su don como si el don no te perteneciera? ¿Por qué le decepcionas y le afliges tanto?

"Mi paz os doy". Te pertenece, pues. ¿Por qué no la aceptas, se la agradeces y la disfrutas?

"Que la paz de Dios reine en vuestros corazones". No intentéis que reine: dejad que reine. No intentéis que reine: dejad que reine.

La paz de Dios quiere reinar en tu corazón y en tu vida. Reinará si tú se lo permites: déjala.

Y cuando lo permitas, entonces "la paz de Dios, que sobrepasa todo entendimiento, guardará vuestros corazones y vuestros pensamientos en Cristo Jesús" (Fil. 4:7).

Guardará tanto tu corazón como tu mente: tú mismo no puedes hacer ni lo uno ni lo otro. Deja que la paz de Dios gobierne y guarde.

Lo hará, si tú se lo permites: déjalo.

Entonces, también, el Espíritu de Dios reinará en tu corazón, y guardará tu mente; porque la paz de Dios en la vida es el fruto del Espíritu. "El fruto del Espíritu es. . la paz".

"Paz, paz al que está lejos y al que está cerca, dice el Señor, y yo lo sanaré". "El fruto del Espíritu es. . . la paz".

"Pedid y se os dará". "Recibid el Espíritu Santo".

The Advent Review and Sabbath Herald, 12 de julio de 1898.

Capítulo 7—Lleno en el Tiempo de la Lluvia Tardía

Editorial: "Recibid la promesa del Padre"

El Libro de los Hechos es el registro de la obra del Espíritu Santo en el tiempo de "la lluvia temprana".

Lo primero que dice el libro es que Jesús "fue arrebatado", pero que fue "después de haber dado mandamientos por medio del Espíritu Santo a los apóstoles que había elegido" (Hch 1, 2).

A continuación, el día en que fue arrebatado, les "mandó que no se fueran de Jerusalén, sino que esperasen la Promesa del Padre, ... seréis bautizados con el Espíritu Santo dentro de no muchos días" (vv. 4, 5).

Y a continuación, el mismo día, dijo: "Recibiréis poder, cuando haya venido sobre vosotros el Espíritu Santo, y me seréis testigos" (v. 8).

Ahora estamos en "el tiempo de la lluvia tardía", tan verdaderamente como ellos estaban en el tiempo de "la lluvia temprana".

A través del Espíritu Santo, Él nos ha dado ahora el mandamiento de recibir "la Promesa del Padre" y "ser bautizados con el Espíritu Santo", no dentro de muchos días, sino justo ahora, hoy, mientras se llama hoy.

Es verdad ahora y siempre que "Recibiréis poder cuando el Espíritu Santo haya venido sobre vosotros".

¿Tienes poder? Si la respuesta es no, ya sabes por qué: es porque el Espíritu Santo no ha venido sobre ti.

Y si el Espíritu Santo no ha venido sobre ti, es porque no quieres recibirlo.

Y sin Él, no podéis ser "testigos de" Cristo. "Pedid y se os dará". "Recibid el Espíritu Santo".

The Advent Review and Sabbath Herald, 19 de julio de 1898.

Editorial: "En el tiempo de la lluvia tardía"

El Libro de los Hechos es el registro de la obra del Espíritu Santo en la línea de "la lluvia temprana". Y nosotros estamos "en el tiempo de la lluvia tardía"; por lo tanto, el Libro de los Hechos es el registro de lo que todos podemos tener, sólo que en mayor abundancia y poder.

Luego se les dijo que "esperaran la Promesa", y que "serían bautizados con el Espíritu Santo dentro de no muchos días." Esperaron. Y mientras esperaban, pidieron. Y mientras pedían, recibieron. "Y fueron todos llenos del Espíritu Santo" (Hechos 2:4).

En este tiempo, justo ahora, "en el tiempo de la lluvia tardía", se nos dice que pidamos lluvia. Y "todo el que pide, recibe" (Mt. 7:8).

En el tiempo de "la lluvia temprana", en aquel gran día de maravilloso llenado y de poder, se dijo a toda la multitud: "La promesa es para vosotros y para vuestros hijos" (Hch 2,39).

"Arrepentíos, y bautícese cada uno de vosotros en el nombre de Jesucristo para perdón de los pecados; y recibiréis el don del Espíritu Santo" (v. 38).

En este "tiempo de la lluvia tardía" esta "promesa" es para nosotros y para nuestros hijos, para toda la multitud, tan ciertamente como lo fue entonces para ellos; sí, incluso "para todos los que están lejos".

Nadie queda excluido. La promesa es para todos, lejanos y cercanos. Estamos en el tiempo de la promesa. El Señor mismo nos dice que "pidamos" en este tiempo. Y se nos dice por Él que "todo el que pide, recibe". (Véase Zac. 10:1).

Oh, ¿no pedirás? "Pedid y se os dará". "Recibid el Espíritu Santo".

The Advent Review and Sabbath Herald, 26 de julio de 1898.

Editorial: "Llenos del Espíritu Santo"

En el tiempo de la "lluvia temprana" del año evangélico, los creyentes fueron más de una vez "llenos del Espíritu Santo."

En Pentecostés "todos quedaron llenos del Espíritu Santo" (Hch 1,4).

Había en Jerusalén mucha y poderosa oposición al Evangelio y a su predicación.

Por eso "los sacerdotes, el capitán del templo y los saduceos" arrestaron a Pedro y a Juan, y "los pusieron bajo custodia" (Hch 4,1.3).

Al día siguiente, Pedro y Juan comparecieron ante el consejo nacional y fueron interrogados sobre lo que habían hecho.

"Entonces Pedro, lleno del Espíritu Santo, les dijo: "Señores del pueblo y ancianos de Israel", etc. (v. 8). Sin embargo, el ayuntamiento, tras preguntar, responder y consultar, les dejó marchar.

"Y dejados ir, se fueron a sus propios compañeros", y oraron. "Y cuando hubieron orado, . . . todos fueron llenos del Espíritu Santo" (vv. 23, 31).

Estamos en el "tiempo de la lluvia tardía", cuando debemos pedir lluvia. El mensaje de Dios ahora es, por lo tanto, "Recibid el Espíritu Santo"; "Sed llenos del Espíritu".

¿Has recibido el Espíritu Santo? ¿Has sido lleno del Espíritu? Si no es así, lo estás perdiendo todo.

Pero aunque hayan recibido el Espíritu Santo, aunque hayan sido llenos del Espíritu, por favor no piensen ni por un momento que ese es el fin y todo. Por favor, no se acomoden contentos cruzando las manos y diciendo: "Ahora lo tengo, y eso es todo".

No; incluso para ti el mensaje sigue siendo: "Recibe el Espíritu Santo". "Sed llenos del Espíritu". Hay más de una llenura del Espíritu. Vayan a la perfección. "Pedid y se os dará". "Recibid el Espíritu Santo". "Sed llenos del Espíritu".

The Advent Review and Sabbath Herald, 2 de agosto de 1898.

Capítulo 8—Somos sus Testigos

"Vosotros sois mis testigos, dice el Señor" (Is 43:10).

Antes de dejarlos, Jesús dijo a sus discípulos que fueran testigos de Él "en Jerusalén, en toda Judea, en Samaria y hasta lo último de la tierra" (Hch 1:8).

Y esto fue dicho a sus discípulos para siempre; Él tenía la intención de que, en cada generación, sus discípulos dieran testimonio de Él, incluso hasta el fin de la tierra.

Sus discípulos de aquel tiempo hicieron esto en su generación: su fe fue pronunciada, y se habló de ella, "en todo el mundo"; el evangelio que ellos predicaban "fue predicado a toda criatura debajo del cielo" (Col. 1:23).

La razón de esto era que tenían el poder para hacerlo. Jesús les dijo: "Recibiréis poder, cuando haya venido sobre vosotros el Espíritu Santo, y me seréis testigos... hasta lo último de la tierra".

El Espíritu Santo vino sobre ellos; recibieron poder. Y teniendo poder para ser testigos hasta lo último de la tierra, les fue fácil testificar así.

Y eso es cierto todavía. Cualquier iglesia que tiene el poder de dar testimonio de Cristo hasta el fin de la tierra puede dar testimonio hasta el fin de la tierra. No será difícil hacer lo que ella tiene el poder de hacer.

La única razón por la que la iglesia en cualquier edad no ha dado testimonio en esa edad hasta el fin de la tierra, es simplemente porque ella no tenía el poder para hacerlo. Para eso existió; pero no pudo hacerlo, porque no tenía el poder.

Y no tuvo el poder porque no quiso que el Espíritu Santo viniera sobre ella.

Ahora, en estos tiempos, la Iglesia debe dar testimonio de Cristo hasta el fin del mundo. Para eso es para lo único que existe. Pero ella no puede hacerlo sin el poder. Los hombres pueden hablar y planear y trabajar hasta el día del juicio final; pero la cosa nunca se puede hacer sin el poder para hacerlo. Y el poder para hacerlo reside únicamente en que el Espíritu Santo venga sobre los discípulos.

Y cuando el Espíritu Santo viene sobre nosotros, haciéndonos testigos, entonces Él mismo también es testigo con nosotros.

Hemos de dar testimonio de Jesucristo resucitado de entre los muertos, y vivo ahora, aunque una vez muerto.

Esto es de lo que los discípulos dieron testimonio entonces, y de lo que dio testimonio el Espíritu Santo; y esto es de lo que los discípulos deben dar testimonio siempre: de un Salvador resucitado y vivo.

Dijeron: "A este Jesús resucitó Dios, de lo cual todos nosotros somos testigos" (Hch 2,32). "Y mataron al Príncipe de la vida, a quien Dios resucitó de entre los muertos, de lo cual nosotros somos testigos" (Hch 3,15). "Y nosotros somos sus testigos de estas cosas, y también el Espíritu Santo que Dios ha dado a los que le obedecen" (Hch 5,32).

El Espíritu Santo da testimonio con el creyente que da testimonio de que Cristo ha resucitado de entre los muertos, y está vivo y a la diestra de Dios, para dar arrepentimiento, perdón y poder.

Es un error grande y malicioso pensar que aquellos discípulos que estaban entonces en Jerusalén, y que lo vieron con sus ojos naturales, eran los únicos que podían, o se esperaba que pudieran, dar testimonio de la resurrección de Cristo.

Hoy se espera que demos testimonio de esto mismo. Debemos dar testimonio de que Él ha resucitado y está vivo hoy. Debemos dar testimonio de que Él está a la diestra de Dios, exaltado para ser príncipe y Salvador, para dar arrepentimiento y perdón de pecados a Israel. Nosotros podemos hacerlo.

Podemos hacerlo porque le conocemos a Él, el Salvador vivo, con quien vivimos. Podemos hacerlo porque Él vive con nosotros. Podemos hacerlo porque sabemos que Él está en nosotros, y nosotros en Él; y esto lo sabemos por el Espíritu Santo, que nos es dado. Podemos hacerlo porque Él nos ha dado el poder, al darnos el Espíritu Santo.

¿Sabes que el Espíritu Santo está contigo para dar testimonio de las cosas que testificas de Cristo? ¿Puedes citar al Espíritu Santo como testigo contigo en lo que testificas de Cristo? Si no es así, ¿por qué no?

Y si no puedes, ¿no es porque no eres, y eres consciente de que no lo eres, un verdadero testigo? Y si no eres un verdadero testigo, entonces no eres en absoluto un testigo de Cristo.

El testigo ha de dar testimonio de la verdad, de toda la verdad y de nada más que la verdad; él mismo ha de ser veraz. "Vosotros sois mis testigos, dice el Señor". ¿Lo sois?

¿Es cierto? Puedes saberlo. He aquí la prueba: "El que habla por su propia cuenta busca su propia gloria; pero el que busca la gloria del que le envió es verdadero, y no hay injusticia en él" (Juan 7:18).

Y nosotros somos testigos de estas cosas, y también lo es el Espíritu Santo. ¿Serás un verdadero testigo? ¿Reconocerás al Espíritu Santo como testigo también contigo?

"Pedid y se os dará". "Recibid el Espíritu Santo". Reconoce al Espíritu Santo.

"No temáis, manada pequeña, porque a vuestro Padre le ha placido daros el Reino" (Lc 12,32). El Reino no se consigue con nuestros esfuerzos. Ha de ser dado a los que "no temen". Deja que tu mente medite en oración sobre el infinito amor de Dios hacia ti en Cristo Jesús. Piensa en las grandísimas y preciosas promesas, en el Espíritu Santo que mora en ti, en los santos ángeles que acampan a tu alrededor; piensa en todas estas bendiciones y "no temas." No temas la falta de bienes temporales. El que alimenta a los cuervos, a los gorriones y a las bestias, te alimentará a ti. "El Señor proveerá" es un lema que puedes escribir en cada necesidad de la vida. No temas el poder de Satanás. Mayor es el que está en ti que todos los que están contra ti. El poderoso Dios pelea nuestras batallas; entonces, ¿por qué debemos temer? No temas que el Señor te abandone. Su amor es un amor eterno. Él está casado contigo en Cristo. "Nunca te dejaré ni te abandonaré". Habiéndote amado, Él te amará "hasta el fin".

The Advent Review and Sabbath Herald, 16 de agosto de 1898.

Capítulo 9—Lleno del Espíritu Santo y de Sabiduría

En el tiempo de la lluvia primitiva, cuando todos fueron llenos del Espíritu Santo, había una gran unidad entre los creyentes. Toda "la multitud de los que habían creído tenía un solo corazón y una sola alma" (Hechos 4:32).

Esta unidad resistió también la prueba de las cosas prácticas, pues "ninguno decía que algo de lo que poseía era suyo, sino que todo lo tenían en común" (Ibid.).

En consecuencia, "no había entre ellos ningún necesitado, pues todos los que poseían tierras o casas las vendían, traían el producto de lo vendido y lo ponían a los pies de los apóstoles, que repartían a cada uno según su necesidad" (Hch 4,34.35).

Sin embargo, ocurrió que las viudas de los griegos fueron descuidadas en la distribución diaria de los fondos y provisiones que eran comunes para todos. Y a causa de esto, los griegos murmuraron contra los hebreos.

Entonces los apóstoles "convocaron a la multitud de los discípulos y dijeron: "No es conveniente que dejemos la palabra de Dios y sirvamos a las mesas. Por tanto, hermanos, buscad de entre vosotros a siete hombres de buena reputación, llenos del Espíritu Santo y de sabiduría, a quienes encarguemos de este asunto; pero nosotros nos dedicaremos continuamente a la oración y al ministerio de la palabra" (Hch 6, 2-4). Esto agradó a todos los hermanos, y se actuó en consecuencia.

El registro de esta ocurrencia fue hecho para nosotros. Esto es cierto, simplemente porque es Escritura. Pero más allá de esto, se nos dirige especialmente a estudiar esta parte particular del sexto capítulo de los Hechos. Por lo tanto, estudiémosla.

1. Los apóstoles dijeron, y está escrito para nuestra instrucción, que no era conveniente que dejaran la palabra de Dios y sirvieran a las mesas.

2. Este servicio de mesas era la ministración, a las viudas y a otros, de las cosas a que tenían derecho.

3. Implicaba el manejo de dinero, el trato con provisiones y la distribución de dinero o provisiones de todo tipo a los discípulos. Por tanto, los apóstoles lo designaron muy acertadamente como "negocio".

Entonces, como este "servir mesas" era dedicarse a los "negocios", cuando los apóstoles dijeron: "No es conveniente que dejemos la palabra de Dios y sirvamos mesas".

La inspiración dice que no es deseable que los ministros del evangelio dejen la palabra de Dios y atiendan negocios. En el tiempo de la lluvia temprana, esto fue aceptado y se actuó en consecuencia. ¿Cuánto tiempo continuaremos "en el tiempo de la lluvia tardía" antes de que sea aceptado y se actúe en consecuencia?

Téngase en cuenta, además, que no se trataba de abandonar realmente el ministerio de la palabra y dedicarse a los negocios por separado. Se trataba simplemente de que los ministros del evangelio se ocuparan de los asuntos legítimos de la iglesia, asuntos tan legítimos y sagrados como los relacionados con la distribución de provisiones a las viudas.

La inspiración dice que no es deseable que los ministros del evangelio dejen la palabra de Dios y sirvan a los negocios, ni siquiera eso. Y el registro muestra que servir a los negocios, aun así, es "dejar la palabra de Dios".

Para los apóstoles, los únicos ministros del evangelio en aquel tiempo, servir a ese "negocio" era abandonar la palabra de Dios. Ellos lo dijeron, y dijeron que "no es deseable" que así sea. Y cuando la inspiración ha respaldado eso, y nos ha repetido que "no es deseable", entonces ¿por qué no habría de ser así, y cuánto tiempo pasará antes de que sea así, que los ministros del evangelio eterno ahora puedan dejar los negocios y servir a la palabra de Dios, en vez de dejar la palabra de Dios y servir a los negocios, como tantos hacen ahora?

Cuando la palabra de Dios dice que una cosa no es deseable, ningún "razonamiento" puede hacerla deseable. La palabra de Dios dice que no es deseable que los ministros del evangelio dejen la palabra de Dios y sirvan a los negocios, aun los negocios legítimos de la iglesia y la causa de Dios. Y ninguna cantidad de "razonamiento" puede hacer tal curso deseable. Todo tal razonamiento es simplemente oponer opiniones personales y preferencias egoístas a la palabra de Dios - esto no es cristianismo: es cristianismo derribar "argumentos y toda altivez que se levanta contra el conocimiento de Dios, llevando cautivo todo pensamiento a la obediencia a Cristo" (2 Cor. 10:5).

En el tiempo de la lluvia temprana, cuando todos estaban llenos del Espíritu Santo, los ministros del evangelio decían que "no es deseable que dejemos la palabra de Dios, y sirvamos a los negocios." También en aquel tiempo el dicho agradó a toda la multitud. Y ahora, en el tiempo de la lluvia tardía, si los ministros del evangelio dijeran esto mismo, el dicho agradaría de nuevo a toda la multitud.

¿Y por qué no han de decirlo ahora los ministros del Evangelio? Es más, ¿por qué no lo dicen todos? ¿Es porque no están todos llenos del Espíritu Santo, como lo estaban aquellos que lo dijeron para nuestra instrucción? ¿Qué otra causa puede haber? Y en este tiempo de la lluvia tardía, cuando todos han de ser llenos del Espíritu Santo como al principio, ¿cómo puede continuar esto en contra de la razón divina y verdadera, a menos que sea que los ministros del evangelio prefieran dejar la palabra de Dios y servir a los negocios antes que procurar ser tan llenos del Espíritu Santo que vean y digan que es deseable dejar los negocios y servir a la palabra de Dios?

"Recibid el Espíritu Santo" (Juan 20:22). Reciban el Espíritu Santo los ministros del Evangelio. Que toda la multitud de los creyentes reciba el Espíritu Santo. Que todos, tanto los ministros como la multitud, "sean llenos del Espíritu". Entonces los ministros llamarán a los discípulos, y dirán: "No es conveniente que dejemos la palabra de Dios y sirvamos a las mesas. Por lo tanto, hermanos, buscad de entre vosotros a siete hombres de buena reputación, llenos del Espíritu Santo y de sabiduría, a quienes podamos nombrar encargados de este asunto; pero nosotros nos dedicaremos continuamente a la oración y al ministerio de la palabra."

Entonces volverá a ser como antes. El dicho agradará a toda la multitud; elegirán hombres "llenos del Espíritu Santo y de sabiduría", a quienes presentarán ante los ministros, quienes orarán y les impondrán las manos. Entonces, también, como antes, la palabra de Dios aumentará; el número de los discípulos se multiplicará grandemente, y una gran compañía de los sacerdotes será obediente a la fe: el oficio y la obra del ministro del evangelio serán honrados como debe ser, y como no lo son ahora; y no habrá la escasez de ministros que hay ahora.

El Libro de los Hechos es un registro de la obra del Espíritu Santo, cuando Él tuvo Su camino en la iglesia. El sexto capítulo de los Hechos es una parte de ese registro, y esto es lo que dice. Con referencia especial a este tema, somos dirigidos por el Espíritu a "estudiar el sexto capítulo de los Hechos". ¿Lo estudiarán con el Espíritu? ¿Escucharán lo que el Espíritu dice a las iglesias? ¿Seguirás el camino que Él dirige? ¿Recibirás al Espíritu Santo? ¿Estarás lleno del Espíritu?

"Pedid y se os dará". "Recibid el Espíritu Santo". Reconoce al Espíritu Santo.

The Advent Review and Sabbath Herald, 23 de agosto de 1898.

Capítulo 10—¿Recibió usted el Espíritu Santo?

Después que los apóstoles dijeron a la multitud de los discípulos que no había razón para que dejaran la palabra de Dios y se ocuparan de los "negocios"; y después que fueron escogidos los siete, entre los cuales estaba Esteban, y fueron puestos sobre los "negocios", no sólo aumentó grandemente la palabra de Dios bajo el ministerio de los apóstoles, sino que el poder de Dios fue grandemente magnificado en la obra de los hombres de negocios que fueron escogidos.

Porque Esteban, "un hombre lleno de fe y del Espíritu Santo", predicó a Cristo al concilio; y al resistirse a sus palabras "resistieron al Espíritu Santo". "Pero él, lleno del Espíritu Santo, miró al cielo y vio la gloria de Dios, y a Jesús de pie a la diestra de Dios" (Hch 6,7; 7,55).

Entonces Felipe, uno de estos siete, predicó con gran poder en Samaria; y Pedro y Juan fueron y se unieron a él: y los apóstoles "les impusieron las manos, y recibieron el Espíritu Santo" (Hch 8,17).

Entonces "el ángel del Señor" envió a Felipe al camino que va de Jerusalén a Gaza; y cuando llegó a ese camino, vio pasar un carro en el que iba un hombre de Etiopía; y "el Espíritu dijo a Felipe: "Acércate y adelanta a ese carro"". Felipe así lo hizo, le predicó a Jesús y lo bautizó; "cuando salieron del agua, el Espíritu del Señor arrebató a Felipe" (Hch 8,29.39).

Y Saulo, "respirando aún amenazas y homicidios contra los discípulos del Señor", cerca de Damasco fue alcanzado por el Señor, y conducido ciego a Damasco, donde le fue enviado Ananías para decirle: "Hermano Saulo, el Señor Jesús, que se te apareció en el camino cuando venías, me ha enviado para que recibas la vista y seas lleno del Espíritu Santo." "Entonces las iglesias de toda Judea, Galilea y Samaria tuvieron paz y fueron edificadas. Y andando en el temor del Señor y en el consuelo del Espíritu Santo se multiplicaban" (Hch 9,1.17.31).

Entonces el Señor hizo que Cornelio mandara llamar a Pedro, quien acudió a él y le predicó a Cristo; y mientras Pedro hablaba, "el Espíritu Santo cayó sobre todos los que oían la palabra" (Hch 10,44).

El evangelio se extendió hasta Antioquía "a los griegos", los cuales, al llegar a oídos de la iglesia de Jerusalén, "enviaron a Bernabé que fuese hasta Antioquía". "Porque era un hombre bueno, lleno del Espíritu Santo y de fe. Y se añadieron al Señor muchísimas personas" (Hch 11,22.24).

En la iglesia que estaba en Antioquía había "algunos profetas y maestros"; y "mientras ministraban al Señor y ayunaban, el Espíritu Santo dijo: Separadme ahora a Bernabé y a Saulo [Pablo] para la obra a que los he llamado". Entonces, habiendo ayunado y orado, y habiéndoles impuesto las manos, los despidieron" (Hechos 13:2, 3).

En el concilio de los apóstoles y ancianos que se celebró en Jerusalén, la prueba concluyente de que Dios quería que se predicara el evangelio a los gentiles era que les estaba "dando el Espíritu Santo", incluso a los apóstoles y ancianos de los judíos. Y cuando la conclusión del concilio fue formulada, decía: "Al Espíritu Santo y a nosotros nos pareció bien" (Hechos 15:28).

Cuando Pablo había ido "por Siria y Cilicia, confirmando a las iglesias", y había llegado a Derbe y Listra, y "había recorrido Frigia y la región de Galacia", le fue "prohibido por el Espíritu Santo predicar la palabra en Asia. Y después que llegaron a Misia, intentaron ir a Bitinia; pero el Espíritu no se lo permitió." Entonces, pasando por Misia, Pablo llegó a Troas. Y estando ya en el mar, hasta donde podía avanzar por tierra, y prohibiéndosele por el Espíritu Santo predicar la palabra en ninguna parte de la región que quedaba a sus espaldas, allí le abrió el Espíritu el camino. "Una visión se le apareció a Pablo por la noche: Un hombre de Macedonia se le presentó y le rogó: "Pasa a Macedonia y ayúdanos" (Hch 16,1-10).

Cuando Pablo llegó a Éfeso y encontró allí a algunos discípulos, la primera pregunta que les hizo -lo primero que les dijo después del saludo acostumbrado- fue: "¿Recibisteis el Espíritu Santo cuando creísteis?" (Hechos 19:2). No habían oído hablar del Espíritu Santo, pues sólo conocían el bautismo de Juan. Pablo explicó que había algo más allá del bautismo de Juan, que el objeto del bautismo de Juan había venido en el Señor Jesús, que había ascendido de nuevo al cielo, y había enviado al Espíritu Santo para bautizar a todos los creyentes en Jesús, sepultado y resucitado de entre los muertos. "Al oír esto, se bautizaron en el nombre del Señor Jesús. Y cuando Pablo les impuso las manos, vino sobre ellos el Espíritu Santo" (Hechos 19:5, 6).

Así, en el tiempo de la lluvia temprana, la primera pregunta de los discípulos era: "¿Habéis recibido el Espíritu Santo?" y la primera obra del ministro visitante era ver que habían recibido el

Espíritu Santo. Estamos "en el tiempo de la lluvia tardía", que ha de ser más abundante que la primera. Cuánto más abundante, entonces, es ahora la pregunta apropiada de los discípulos en todas partes, en primer lugar, "¿Recibisteis el Espíritu Santo cuando creísteis?" y lo primero de todo en la obra del ministerio es ver que hayan recibido el Espíritu Santo. Todas estas cosas fueron escritas para nosotros. ¿Recibisteis el Espíritu Santo cuando creísteis?

"Pedid y se os dará". "Recibid el Espíritu Santo". "Sed llenos del Espíritu". Reconocer al Espíritu Santo.

The Advent Review and Sabbath Herald, 30 de agosto de 1898.

Capítulo 11—El Espíritu Santo os ha hecho Supervisores

En su viaje de Macedonia a Jerusalén, Pablo se detuvo en Mileto y "envió a Éfeso y convocó a los ancianos de la iglesia" (Hch 20,17).

A estos ancianos les dijo palabras que han sido preservadas por inspiración para la instrucción de la iglesia, y de los ancianos de la iglesia, para siempre.

Entre las palabras dirigidas a los ancianos de la Iglesia se encuentran éstas: "Por tanto, mirad por vosotros y por todo el rebaño en que el Espíritu Santo os ha puesto por obispos" (Hch 20,28).

Ancianos de las iglesias de hoy, ¿sabéis que el Espíritu Santo os ha hecho obispos del rebaño de Dios? Si no lo sabíais antes, ahí está la palabra de Dios, y ahí ha estado todo el tiempo, diciéndoos que es así.

Cuando el Espíritu Santo los ha colocado en la posición responsable de supervisores del rebaño de Dios, ¿cómo están cumpliendo con su responsabilidad ante Aquel que "los ha hecho supervisores"?

¿Reconocéis constantemente, y vivís en presencia de ello, el hecho de que el Espíritu Santo os ha hecho supervisores? ¿Reconocen constantemente su responsabilidad ante el Espíritu Santo? ¿Buscan constantemente cumplir con esa responsabilidad bajo la guía del Espíritu Santo y de manera aceptable para Él?

Si no es así, ¿qué hace en ese puesto? ¿Es posible que algún anciano de una iglesia diga que el Espíritu Santo no lo ha hecho supervisor del rebaño? Si tal cosa es posible, entonces la pregunta se repite. ¿Qué puede estar haciendo un hombre en una posición que está bajo la supervisión directa del Espíritu Santo, mientras dice que el Espíritu Santo no lo ha llamado a esa posición? Si tal actitud no sería mentir al Espíritu Santo, o bien usurpar por completo el lugar del Espíritu Santo, ciertamente estaría peligrosamente cerca de ello.

La iglesia está "edificada juntamente para morada de Dios en el Espíritu". La iglesia está bajo el cuidado especial del Espíritu Santo. El ancianato está bajo la supervisión directa del Espíritu Santo. Y el hombre que ocupa la posición de anciano está en esa relación con el Espíritu Santo, reconozca o no el hecho. Es una cosa peligrosa, sí, peligrosa, ocupar una posición que está bajo la jurisdicción directa del Espíritu Santo, y al mismo tiempo no reconocer Su jurisdicción.

Seguramente, entonces, no podría ser que ningún anciano de una iglesia dijera que el Espíritu Santo no lo ha hecho supervisor del rebaño.

Muy bien, entonces, hermanos, ancianos de las iglesias, ya que la palabra de Dios dice que "el Espíritu Santo os ha hecho supervisores", ¿reconocéis ese hecho? ¿Vivís y trabajáis constantemente en la presencia de ese hecho solemne y tres veces bendito? ¿Oran en el Espíritu Santo? ¿Reconocéis al Espíritu Santo en . . . supervisáis el rebaño con ojos ungidos con el Espíritu Santo? ¿Apacienta usted "la iglesia de Dios, la cual él ganó por su propia sangre"-apacienta usted a la iglesia con el Pan que descendió del cielo, mediante el poder y la presencia del Espíritu Santo?

Ancianos de las iglesias, dondequiera que estéis, seáis quienes seáis, no olvidéis nunca que la palabra de Dios dice que "el Espíritu Santo os ha constituido supervisores" del rebaño de Dios. Reconocedlo. Cortejadlo. Vivid en su presencia. Recibid esa palabra; recibid la verdad expresada en esa palabra; y recibid al Espíritu Santo, que ha dado la palabra en la que se expresa la verdad de que "el Espíritu Santo os ha constituido supervisores."

"Pedid y se os dará". "Recibid el Espíritu Santo". "Sed llenos del Espíritu".

The Advent Review and Sabbath Herald, 6 de septiembre de 1898.

Capítulo 12—El Espíritu Santo recibido por la Fe

Cuando Pablo y su compañía hubieron zarpado de Mileto, pasando por Coos, Rodas y Patara, y llegaron a Tiro, allí encontraron discípulos, y permanecieron con ellos una semana. Y estos discípulos "dijeron a Pablo por el Espíritu que no subiese a Jerusalén" (Hch 21,4).

Cuando salieron de Tiro, se reunieron con los hermanos en Tolemaida y permanecieron con ellos un día, llegaron a Cesarea, donde permanecieron muchos días. Mientras estaban en Cesarea, vino de Judea un profeta, que tomó el cinturón de Pablo y, atándose las manos y los pies, dijo: "Así dice el Espíritu Santo: 'Así atarán los judíos en Jerusalén al que tenga este cinturón, y lo entregarán en manos de los gentiles'."

Después de todo esto y de muchas otras vicisitudes, Pablo fue conducido a Roma. En Roma convocó a los principales judíos y les contó cómo había sido conducido hasta allí. "Y habiéndole señalado un día, vinieron a él muchos a su alojamiento, a quienes explicaba y testificaba solemnemente del reino de Dios, persuadiéndoles acerca de Jesús, tanto de la Ley de Moisés como de los Profetas, desde la mañana hasta la tarde. Y algunos se persuadían por las cosas que se decían, y otros no creían. Y como no se ponían de acuerdo entre sí, se marchaban después de haber dicho Pablo una sola palabra: "El Espíritu Santo habló rectamente por medio del profeta Isaías", etc. (Hechos 28:23-25).

Así, el libro de los Hechos comienza y termina con la mención del Espíritu Santo; y todo el camino entre el principio y el final, el Espíritu Santo es reconocido y recibido. Constantemente se hace referencia a Él; siempre y en todas partes se le reconoce presente como testigo, consejero y guía.

Ese fue el tiempo de la lluvia temprana. El libro de los Hechos es el registro inspirado de ese tiempo. Es el registro de la obra del Espíritu Santo en el tiempo cuando Él fue reconocido y se le permitió reinar. Fue escrito para nuestra instrucción. Y ahora, en "el tiempo de la lluvia tardía", cuando de nuevo el Espíritu Santo será reconocido y se le permitirá reinar, el libro de los Hechos es una verdad especialmente presente.

El mensaje de Dios hoy es: "Recibid el Espíritu Santo". Pero el Espíritu Santo debe ser recibido sólo para el servicio; sólo para ser guiado hacia una experiencia más profunda, más completa y más estable; sólo para la santificación: nunca para la autogratificación. Y en este tiempo el libro de los Hechos debe ser estudiado cuidadosa, diligente y reverentemente, para que podamos conocer el camino del Espíritu en Su maravillosa obra.

¿Ha recibido el Espíritu Santo desde que creyó? Si no, ¿por qué? Se te da gratuitamente; el Señor te exhorta a recibirlo; ¿por qué no recibes el Espíritu Santo y te llenas del Espíritu?

¿Dices que no sabes cómo? ¿Sabes cómo recibir el perdón de los pecados? Si lo sabes, sabes cómo recibir el Espíritu Santo. El Señor te dice que confieses tus pecados, y que Él es fiel y justo para perdonarte. Confiesas tus pecados, aceptas Su perdón y le das gracias por ello. Sabes que estás perdonado, porque Él lo dice.

¿Sabes cómo recibir la justicia de Dios? Si es así, usted sabe cómo recibir el Espíritu Santo. La justicia es el don gratuito de Dios, y se recibe creyendo a Dios. Se recibe por la fe. También la promesa del Espíritu se recibe por la fe. El Espíritu Santo se recibe precisamente como se recibe cualquier otro don de Dios.

Él os dice: Pedid el Espíritu Santo, y os será dado. "Si pedimos alguna cosa conforme a Su voluntad, Él nos oye. Y si sabemos que Él nos oye, cualquier cosa que pidamos, sabemos que tenemos las peticiones que le hayamos hecho" (1 Juan 5:14, 15).

Pide el Espíritu: al hacerlo, pides según Su voluntad. Entonces, habiendo pedido, sabes que has recibido, porque Él lo dice. Entonces agradécele, y continúa agradeciéndole, que has recibido el Espíritu Santo. Cómo te sientas no tiene nada que ver con eso. No es como te sientas; es lo que Él dice.

"Pedid y se os dará". "Recibid el Espíritu Santo". "Sed llenos del Espíritu".

The Advent Review and Sabbath Herald, 13 de septiembre de 1898.

Capítulo 13—Sin recibir al Espíritu Santo

Editorial: "Si no se recibe el Espíritu Santo..."

Hay una diferencia entre "el don del Espíritu Santo" y "los dones del Espíritu Santo"; entre el don del Espíritu y los dones del Espíritu.

El don del Espíritu Santo es el don de Su Espíritu otorgado por el Señor a aquellos que creen y son bautizados en Su nombre.

Los dones del Espíritu Santo son ciertos poderes y operaciones impartidos por el Espíritu Santo mismo a aquellos que han recibido el don del Espíritu Santo.

Es evidente que los dones del Espíritu Santo sólo pueden manifestarse en quienes han recibido el don del Espíritu Santo.

Todos los dones del Espíritu -sabiduría, conocimiento, fe, sanidad, milagros, profecía, enseñanza, discernimiento de espíritus, lenguas, interpretación de lenguas, ayudas, gobiernos- pertenecen a la iglesia ahora.

El Señor anhela ver todos estos dones y poderes manifestados en la iglesia ahora. Muchas personas, también, anhelan ver todos estos dones manifestados en la iglesia ahora: algunos, de hecho, desean esto más por curiosidad, o para beneficiarse a sí mismos, que por otra cosa; sin embargo, desean verlo.

Pero, ¿cómo puede haber manifestaciones del Espíritu donde no está el Espíritu? ¿Cómo pueden impartirse los dones del Espíritu, donde no se ha permitido otorgar el don del Espíritu?

¿Cómo pueden manifestarse los dones del Espíritu Santo donde no se ha recibido el don del Espíritu Santo?

¿Cómo puede la iglesia tener los dones del Espíritu, que pertenecen a la iglesia, hasta que la iglesia haya recibido primero el don del Espíritu? Y puesto que la iglesia no es más que el conjunto de los individuos que pertenecen a la iglesia, ¿cómo puede la iglesia recibir el don del Espíritu Santo hasta que los individuos que componen la iglesia hayan recibido el don del Espíritu Santo?

Entonces, ¿no está perfectamente claro que, de todas las cosas, la única cosa esencial -primera, última y siempre- es que todos y cada uno de los miembros de la iglesia reciban el Espíritu Santo?

Y ahora el Señor ha enviado, y está enviando, a toda la iglesia por toda la tierra, el misericordioso mensaje esencial: "Recibid el Espíritu Santo." Oh, ¿quién puede dejar de responder a la llamada de gracia? "Pedid al Señor lluvia en el tiempo de la lluvia tardía" (Zac. 10:1). Que cada alma pida.

"Pedid y se os dará". "Recibid el Espíritu Santo". "Sed llenos del Espíritu".

The Advent Review and Sabbath Herald, 20 de septiembre de 1898.

Editorial: "Regalos a cada uno por separado"

El don del Espíritu Santo es para todos los creyentes por igual.

Los dones del Espíritu Santo son diversos, "a cada uno individualmente como Él quiere".

Porque en los dones del Espíritu Santo, "a unos se da palabra de sabiduría por el Espíritu, a otros palabra de ciencia por el mismo Espíritu, a otros fe por el mismo Espíritu, a otros dones de sanidades por el mismo Espíritu, a otros hacer milagros, a otros profecía, a otros discernimiento de espíritus, a otros diversos géneros de lenguas, a otros interpretación de lenguas. Pero todas estas cosas las hace un mismo Espíritu, que las reparte a cada uno como quiere" (1 Co 12,8-11).

Pero ¿cómo puede el Espíritu en Sus dones distribuir a cada uno individualmente, a menos que cada uno individualmente haya reconocido y recibido primero el don del Espíritu?

Y como el Espíritu no puede en Sus dones dividir a cada uno individualmente, a menos que los hombres individualmente reconozcan y reciban el don del Espíritu, es claro que tanto en el don del Espíritu como en los dones del Espíritu, es totalmente un asunto individual.

El Espíritu Santo nunca es derramado sobre las compañías, excepto cuando es derramado sobre los individuos en las compañías.

El Espíritu fue derramado sobre toda la compañía, más de una vez, como se registra en el libro de los Hechos; pero esto fue sólo porque fue derramado sobre cada individuo de la compañía. Cada individuo estaba listo para recibir el Espíritu; y siendo derramado en Su plenitud sobre cada individuo en la compañía, en la naturaleza del caso Él fue derramado sobre toda la compañía.

Si en una compañía de personas hubiera una persona que no estuviera preparada para recibir el Espíritu Santo, y el Espíritu fuera derramado sobre esa compañía, en ese caso el Espíritu no sería derramado sobre ese individuo.

El Espíritu podía ser derramado sobre la compañía, sólo al ser derramado sobre los individuos de la compañía, y podía extenderse sólo hasta donde los individuos estuvieran listos para recibirlo.

Puesto que, entonces, la recepción del don del Espíritu Santo es un asunto totalmente individual, y como se encuentra totalmente entre el individuo y el Señor, es evidente que el don del Espíritu Santo puede ser recibido por el individuo justo donde el individuo está, siempre que el individuo está listo. Porque por parte del Señor el don es gratuito. Y "ahora es el tiempo aceptable".

"Pedid y se os dará". "Recibid el Espíritu Santo". "Sed llenos del Espíritu".

The Advent Review and Sabbath Herald, 27 de septiembre de 1898.

Capítulo 14—Para perfeccionar la Nueva Creación

No debe olvidarse ni por un momento que el gran objeto del don del Espíritu Santo es el perfeccionamiento del receptor del don.

Quienquiera que reciba, o quiera recibir, el don del Espíritu Santo, frustra el propósito mismo del don, a menos que crea en la perfección cristiana, y a menos que espere que el Espíritu Santo lo lleve a la perfección.

Esto se enseña e ilustra en el primer capítulo de la Biblia: "En el principio creó Dios los cielos y la tierra. La tierra estaba desordenada y vacía, y había tinieblas sobre la faz del abismo. Y el Espíritu de Dios se movía sobre la superficie de las aguas" (Gn 1,1.2).

La palabra aquí traducida "movido" significa "empollar" y fructificar. Así, cuando la masa sin forma fue creada, fue el Espíritu de Dios el que, mediante la palabra hablada de Dios, dio forma a la tierra, la revistió de belleza y fecundidad y la llevó a la perfección.

A no ser por este don del Espíritu para moverse sobre la tierra vacía y sin forma, y a no ser por la ulterior palabra de Dios y la ministración del Espíritu de Dios, la tierra habría permanecido para siempre sin forma y vacía. El objeto de su creación se habría perdido por completo.

El único objeto de la creación de la tierra era que llegara a la perfección. Una vez creada, el Espíritu de Dios fue dado para que se moviera sobre ella. Y el objeto de este otorgamiento del Espíritu era que la tierra, por la ministración del Espíritu, fuera llevada a la perfección. Y así se cumplió este objetivo.

Ahora bien, "somos hechura suya, creados en Cristo Jesús para buenas obras, las cuales Dios preparó de antemano para que anduviésemos en ellas" (Ef. 2:10).

Pero aunque hemos sido creados así para las buenas obras de Dios, sin embargo, cuando hemos sido creados así, en cuanto a la realización de estas buenas obras en acción, nuestras vidas son tan sin forma y vacías como lo era la tierra cuando fue creada por primera vez.

Y a menos que el Espíritu de Dios pueda venir sobre esta nueva creación, para empollar sobre ella y fructificarla con el poder de Dios; a menos que la palabra adicional de Dios, y la ministración del Espíritu de Dios, vengan a la vida, esta nueva creación debe permanecer para siempre tan sin forma y vacía como, sin ella, habría permanecido la creación original.

Sin embargo, tal no es el objeto de esta creación, como no lo fue de la creación original. El objeto de esta nueva creación es que sea llevada a la perfección, tan ciertamente como lo fue el objeto de la creación original. Y esto sólo puede lograrse mediante el don del Espíritu de Dios, y la palabra adicional y la ministración del Espíritu de Dios.

Por lo tanto, cada creyente debe tener constantemente en mente la perfección. Nunca debe estar satisfecho ni un momento con algo que no sea la perfección. Nunca debe olvidar que sólo éste es el objeto de haber sido creado nuevo en Cristo Jesús. Y nunca debe olvidar que este objetivo sólo puede lograrse por el poder y la ministración del Espíritu Santo a través de la palabra de Dios.

"Pedid y se os dará". "Recibid el Espíritu Santo". "Sed llenos del Espíritu".

The Advent Review and Sabbath Herald, 4 de octubre de 1898.

Capítulo 15—Otorgado e Impartido

Editorial: "El Espíritu se otorga; los dones se imparten"

El objeto del don del Espíritu Santo es el perfeccionamiento de los receptores del don.

El medio para perfeccionar al receptor del don del Espíritu Santo son los dones del Espíritu Santo.

El don del Espíritu Santo es el Espíritu Santo otorgado: los dones del Espíritu Santo son dones impartidos por el Espíritu Santo, que ha sido otorgado.

Los dones del Espíritu son: sabiduría, ciencia, fe, sanidad, milagros, profecía, discernimiento de espíritus, lenguas, interpretación de lenguas, enseñanza, exhortación, ayuda, gobierno, evangelistas, pastores, "repartiendo a cada uno como Él quiere" (1 Co. 12:11).

El propósito en la impartición de estos dones se declara así: "Él mismo constituyó a unos, apóstoles; a otros, profetas; a otros, evangelistas; a otros, pastores y maestros, a fin de EQUIPAR [PERFECCIONAR] A LOS SANTOS" (Ef. 4:11, 12).

Cuando el objeto del don del Espíritu Santo es el perfeccionamiento [equipamiento] de los receptores del don, y cuando los medios para lograr este objeto son los dones del Espíritu Santo, está perfectamente claro que tanto el don como los dones del Espíritu Santo no son un fin, sino sólo medios para un fin; y ese fin, el perfeccionamiento [equipamiento] de los creyentes.

Entonces, ¿cuál debe ser el único gran pensamiento de todos los que han recibido, el don del Espíritu Santo, y la impartición de los dones del Espíritu Santo recibido? -Sólo la perfección, la perfección, la PERFECCIÓN, -nada más que la perfección en Cristo Jesús.

Por lo tanto, en este "tiempo de la lluvia tardía", en este día de la entrega del Espíritu Santo, en este tiempo de la recepción del Espíritu Santo, todo aquel que ponga todo su corazón, rinda todo su pensamiento, a ser llevado a la perfección en Cristo Jesús, y se entregue a la obra del Espíritu Santo, para que el Espíritu pueda cumplir el propósito de Dios en él, puede recibir libremente la plenitud del Espíritu Santo.

"Pedid y se os dará". "Recibid el Espíritu Santo". "Sed llenos del Espíritu".

The Advent Review and Sabbath Herald, 11 de octubre de 1898.

Editorial: "El amor ágape, vínculo de perfección"

El "perfeccionamiento de los santos" es el objeto del don del Espíritu Santo.

Si el creyente no tiene esto siempre presente, se frustra el propósito del don del Espíritu.

Los medios del "perfeccionamiento de los santos" son los dones del Espíritu Santo; porque Él "dio dones a los hombres" "para el perfeccionamiento [equipamiento] de los santos".

El punto que marca la perfección del creyente es el amor, el amor perfecto.

-el amor de Dios; porque "el amor. . es el vínculo de la perfección" (Col. 3:14).

El punto que delata el amor, este amor perfecto, el amor de Dios, este "vínculo de perfección", es la observancia de los mandamientos de Dios; porque "este es el amor de Dios, que guardemos sus mandamientos". Y "el amor es el cumplimiento de la ley".

Por tanto, como la observancia de los mandamientos de Dios es amor, y el amor es el vínculo de la perfección, entonces la observancia de los mandamientos de Dios es el vínculo de la perfección.

Luego, como la observancia de los mandamientos de Dios es el vínculo de la perfección, y como la perfección es el objeto tanto del don como de los dones del Espíritu Santo, se sigue ciertamente que la observancia de los mandamientos de Dios es el gran objetivo del don del Espíritu Santo.

Cualquiera, entonces, que no tenga en vista el guardar los mandamientos de Dios, pierde el propósito del Señor al dar el Espíritu Santo, y frustra el objetivo del Espíritu Santo aunque le sea dado.

El cumplimiento de los mandamientos de Dios es la manifestación completa, en el individuo, de la perfecta voluntad de Dios. Cualquiera, entonces, que piense en recibir el Espíritu Santo para cualquier otro propósito que no fuera manifestar la perfecta voluntad de Dios, no podría recibir el Espíritu Santo. Y cualquiera que, habiendo recibido el don del Espíritu Santo, lo usara para cualquier otro propósito que no fuera manifestar la perfecta voluntad de Dios, no podrá retener el Espíritu Santo.

¿Quieres que se manifieste en ti la perfecta voluntad de Dios? ¿Quieres, estás dispuesto, a guardar los mandamientos de Dios? Entonces "recibe el Espíritu Santo".

"Pedid y se os dará". "Recibid el Espíritu Santo". "Sed llenos del Espíritu".

The Advent Review and Sabbath Herald, 18 de octubre de 1898.

Capítulo 16—Cumplir los Mandamientos

Se nos ordena "desear los dones espirituales" (1 Co. 14:1), y "desear ardientemente los mejores dones" (1 Co. 12:31).

Estos dones espirituales son los dones del Espíritu Santo, que son impartidos por el Espíritu a aquellos que han recibido el Espíritu Santo.

El único objeto de estos dones es el perfeccionamiento de los santos, llevar a la perfección a los creyentes en Jesús.

La perfección cristiana se manifiesta en "el amor, que es el vínculo de la perfección" (Col. 3:14). Este es el amor [ágape] de Dios; "porque este es el amor de Dios, que guardemos sus mandamientos" (1 Juan 5:3).

Es tan cierto que el amor es el único objeto de los dones del Espíritu Santo, que aunque yo tuviera el don de lenguas en tal medida que pudiera "hablar lenguas humanas y angélicas, pero no tengo amor, me he convertido en bronce que resuena o en címbalo que retiñe" (1 Co. 13:1). Y este es el amor de Dios, "porque este es el amor de Dios, que guardemos sus mandamientos."

Tan cierto es que el amor es el único objetivo de los dones del Espíritu Santo, que "aunque tenga el don de profecía, y entienda todos los misterios y toda ciencia, y aunque tenga toda la fe, de tal manera que pueda trasladar montañas, pero no tengo amor, nada soy" (v. 2). Y éste es el amor de Dios; "porque éste es el amor de Dios, que guardemos sus mandamientos".

Tan cierto es que el único objetivo de los dones del Espíritu es el amor, que aunque yo tuviera estos dones en tal medida que "diera todos mis bienes para dar de comer a los pobres, y aunque entregara mi cuerpo para ser quemado, pero no tengo amor, de nada me sirve" (v. 3). Y éste es el amor de Dios; "porque éste es el amor de Dios, que guardéis sus mandamientos."

Así es enteramente cierto, y la evidencia es abrumadora, que guardar los mandamientos de Dios es el único objetivo de los dones del Espíritu Santo. Y así se demuestra que guardar los mandamientos de Dios es el don más grande que se puede conceder a los hombres.

¿Deseas guardar los mandamientos de Dios? Si es así, entonces "desea fervientemente los dones espirituales", porque sin ellos nunca podrás llegar a ser un verdadero guardador de los mandamientos de Dios.

¿Deseas realmente guardar los mandamientos de Dios? Si es así, entonces "desead ardientemente los mejores dones"; porque sólo por los dones del Espíritu podréis ser guardadores de los mandamientos.

"Pedid y se os dará". "Recibid el Espíritu Santo". "Sed llenos del Espíritu". "Desead ardientemente los mejores dones".

The Advent Review and Sabbath Herald, 25 de octubre de 1898.

Capítulo 17—Hacia la Perfección

Editorial: "Hacia la perfección"

La perfección es la única meta de cualquier creyente en Jesús.

Es lo único que Jesús puso delante de todos; porque dijo: "Sed, pues, vosotros perfectos, como vuestro Padre que está en los cielos es perfecto". Mt. 5:48.

Por lo tanto, la exhortación divina a todo creyente en Jesús es: "Sigamos adelante hacia la perfección". Y la única respuesta a esto que se da para los cristianos, y la única respuesta que cualquier cristiano puede dar, es: "Esto haremos si Dios lo permite" (Heb. 6:1, 3).

Pero nadie puede alcanzar la perfección sin los dones del Espíritu Santo, pues éstos se dan "para el perfeccionamiento [equipamiento] de los santos", y "hasta que todos lleguemos a la unidad de la fe y del conocimiento del Hijo de Dios, a un varón perfecto, a la medida de la estatura de la plenitud de Cristo" (Ef. 4:11-13).

Y nadie puede tener los dones del Espíritu Santo, que no haya recibido primero el don del Espíritu Santo.

Por lo tanto, sin el don del Espíritu Santo, ningún creyente en Jesús puede alcanzar la única meta que le ha puesto el Señor.

Por lo tanto, cada creyente en Jesús debe recibir el don del Espíritu Santo. En consecuencia, la pregunta más importante que todo ministro debe hacer a cada creyente es: "¿Recibisteis el Espíritu Santo cuando creísteis?" (Hechos 19:2).

"Pedid y se os dará". "Recibid el Espíritu Santo". "Sed llenos del Espíritu". "Desead ardientemente los mejores dones". Y "Id hacia la perfección".

The Advent Review and Sabbath Herald, 1 de noviembre de 1898.

Editorial: "Los que guardan los mandamientos de Dios"

Tan completamente cierto es que el único propósito de los dones del Espíritu Santo es llevar a la perfección a los creyentes en Jesús, que cuando esto se cumpla, estos dones "cesarán" y "se acabarán".

El amor es el vínculo de la perfección. Y como es verdad que aunque una persona tuviera todos los dones, y sin embargo no tuviera amor, de nada le aprovecharía, esto demuestra por sí mismo que la perfección en los creyentes es el objetivo de los dones.

Esto también se muestra en el hecho de que "el amor nunca falla. Pero si hay profecías, fallarán; si hay lenguas, cesarán; si hay conocimiento, se desvanecerá". Las profecías, las lenguas, el conocimiento y los otros dones son todos dados para llevarnos al amor; pero cuando nos han llevado al amor, "fallan", "cesan" y "se desvanecen".

"Porque en parte conocemos y en parte profetizamos. Pero cuando llegue lo que es perfecto, entonces lo que es en parte desaparecerá". Incluso por el don del conocimiento, conocemos sólo en parte hasta que alcancemos lo que es perfecto. Pero cuando llegue lo perfecto, entonces conoceremos plenamente; conoceremos como somos conocidos. Por tanto, el don de la ciencia, como todos los demás dones, sólo se da como medio para llevarnos a la perfección, para llevarnos al amor, vínculo de la perfección.

"Porque este es el amor a Dios, que guardemos sus mandamientos". Por lo tanto, el objeto de todos los dones del Espíritu es llevar a los creyentes a guardar los mandamientos de Dios. Y esto demuestra que el don más grande que puede ser concedido a los hombres, la cosa más grande que se puede hacer por ellos, por el Señor, es llevarlos a guardar los mandamientos de Dios.

Este es el mensaje del tercer ángel; porque "aquí están los que guardan los mandamientos de Dios y la fe de Jesús" (Ap. 14:12).

"Pedid y se os dará". "Recibid el Espíritu Santo". "Sed llenos del Espíritu". "Desead dones espirituales". "Desead ardientemente los mejores dones".

The Advent Review and Sabbath Herald, 8 de noviembre de 1898.

Capítulo 18—Deseo de Dones Espirituales

"Desear dones espirituales". ¿Lo desea? Si no, ¿por qué?

Sin duda, este es el mandato más claro que existe en la Biblia. ¿Por qué, entonces, no obedecerlo?

Tal vez usted dirá que ha deseado durante mucho tiempo que se manifiesten los dones espirituales en la iglesia, e incluso se ha preguntado por qué no se manifestaban.

Pero eso no es lo que dice la Escritura; no dice: Desea dones espirituales manifestados en la iglesia; sino: "Desea dones espirituales"; es decir, Deséalos manifestados en ti mismo.

"¿Tienes fe? Tenla para ti mismo delante de Dios" (Rom. 14:22). Supongamos que usted viera todos los dones manifestados en la iglesia, y sin embargo ninguno de ellos se manifestara en usted mismo, ¿de qué serviría eso? Podrías incluso ver todo esto, y sin embargo estar perdido tú mismo. ¿No sabes que miles, sí, el mundo entero, verá todos estos dones manifestados en la iglesia, y sin embargo no les servirá de nada?

No; esto es un asunto individual. Cierto, los dones deben manifestarse en la iglesia; pero esto sólo puede ser manifestándose en cada miembro individual de la iglesia. Los dones se reparten "a cada uno por separado".

¿Es usted miembro de la Iglesia? ¿Perteneces al cuerpo de Cristo? ¿Crees en Jesús? Entonces debes desear que los dones del Espíritu se manifiesten en ti. Si no es así contigo mismo, no puedes estar preparado para encontrarte con el Señor.

Sin embargo, "procurad los dones espirituales" es sólo una parte del mandato, la parte subordinada también. El todo es: "Perseguid el amor y desead los dones espirituales" (1 Co. 14:1).

Desear los dones espirituales es muy apropiado. Sin embargo, hacer esto sin tener en cuenta únicamente el amor, sería totalmente vano; porque aunque tuviéramos todos los dones, pero no tuviéramos amor, no nos serviría de nada, y no seríamos nada.

Entonces, como la única manera verdadera de desear dones espirituales es desearlos en ti mismo, y como la única conexión apropiada en la cual desearlos es seguir el amor y desearlos, se deduce que tú mismo debes seguir el amor, y desear dones espirituales manifestados en ti mismo para que puedas alcanzar aquello que estás siguiendo.

Y el amor que debes seguir es el vínculo de la perfección, es el amor de Dios. Y como "este es el amor de Dios, que guardemos sus mandamientos", entonces es cierto que lo que debemos seguir mientras deseamos dones espirituales, es guardar los mandamientos de Dios. Y guardar los mandamientos de Dios y la fe en Jesús es el mensaje del tercer ángel.

No puede haber verdadera observancia de los mandamientos de Dios sin amor; no puede haber verdadero amor sin dones espirituales; no puede haber dones espirituales sin el don del Espíritu Santo; por lo tanto, sin el don del Espíritu Santo, no puede haber verdadero mensaje del tercer ángel.

"Pedid y se os dará". "Recibid el Espíritu Santo". "Sed llenos del Espíritu". "Desead dones espirituales".

The Advent Review and Sabbath Herald, 15 de noviembre de 1898.

Capítulo 19—No contristéis al Espíritu

Durante más de un año el Señor ha estado enviando a su pueblo el mensaje definitivo: "Recibid el Espíritu Santo."

Así, la atención de todo un pueblo, en toda la tierra, se ha dirigido a este llamado definido de Dios, a esta gran bendición de recibir el Espíritu Santo.

¿Se le ha ocurrido preguntarse qué significa esto? Si no es así, lea esta escritura y piense: "Y no contristéis al Espíritu Santo de Dios, con el cual fuisteis sellados para el día de la redención" (Ef. 4:30).

Como es por el Espíritu Santo que el pueblo de Dios debe ser sellado, y como Dios está llamando especialmente a todo su pueblo a recibir el Espíritu Santo, ¿no muestra esto claramente que estamos ahora, en el tiempo del sellamiento del pueblo de Dios?

Si esto no le parece claro, ¿por qué? Puesto que el objeto del Espíritu Santo es sellar, hasta el día de la redención, a los que lo reciben; y ahora, durante más de un año, Dios está llamando a todo su pueblo a recibir el Espíritu Santo, ¿espera usted que este llamamiento continúe para siempre sin que se cumpla el objetivo del Espíritu Santo: el sellamiento de los que lo reciben? ¿Esperan que el llamado a recibir el Espíritu Santo continúe para siempre, y esperan que el Espíritu Santo permanezca para siempre con aquellos que lo reciben, sin que ese Espíritu logre el objetivo mismo para el cual es dado?

Si no esperáis esto, entonces, puesto que sólo por el Espíritu Santo se efectúa el sellamiento, y puesto que Dios está ahora, y ha estado durante más de un año, llamando continuamente a Su pueblo para que reciba el Espíritu Santo, ¿no está perfectamente claro que estamos ahora en el tiempo del sellamiento del pueblo de Dios? Y si esto aún no es claro para ustedes, ¿no es porque no están mirando directamente en esta dirección? o porque aún no han ungido sus ojos con el "colirio para que veas"?

Esto nunca lo hará. No; Dios no trabajará para siempre sin hacer nada. Dios no enviará un mensaje para siempre sin cumplir aquello para lo cual el mensaje es enviado. Y como ahora está enviando su mensaje: "Recibid el Espíritu Santo"; y como la obra de ese Espíritu es sellar a los que lo reciben hasta el día de la redención, es seguro que ahora es el tiempo en que, por el Espíritu Santo, Dios sellará a su pueblo hasta el día de la redención, el cual, por todas las demás señales también, está cerca.

"Prepárate, prepárate, prepárate". "Pedid y se os dará". "Recibid el Espíritu Santo". "Sed llenos" del "Espíritu Santo de Dios, por el cual sois sellados para el día de la redención".

The Advent Review and Sabbath Herald, 22 de noviembre de 1898.

Capítulo 20—Sellarnos para la Redención

"Y habrá señales en el sol, en la luna y en las estrellas; y en la tierra angustia de las naciones, con perplejidad, rugiendo el mar y las olas" (Lucas 21:25).

"Cuando comiencen a suceder estas cosas, mirad hacia arriba y levantad la cabeza, porque se acerca vuestra redención" (v. 28). Y "cuando veáis todas estas cosas, sabed que está cerca, a las puertas". (Mt. 24:33).

Estas cosas comenzaron a suceder hace mucho tiempo; durante años hemos estado diciendo a la gente que esto es así. Pero ahora vemos todas estas cosas.

Cuando estas cosas comenzaron a suceder, que fue hace mucho tiempo, entonces la redención se acercaba. Pero ahora, cuando vemos todas estas cosas, es a las puertas.

El día de la redención, por lo tanto, está ciertamente ahora a la mano. Pero aunque esto es así, aunque hay angustia de las naciones, con perplejidad; aunque las naciones están enojadas, y están listas para estallar en el tiempo de angustia que abrumará a todos, sin embargo, el día de la redención no puede venir "hasta que los siervos de nuestro Dios" sean sellados.

Porque "vi a cuatro ángeles de pie a los cuatro ángulos de la tierra, deteniendo los cuatro vientos de la tierra, para que el viento no soplara sobre la tierra, ni sobre el mar, ni sobre ningún árbol. Y vi a otro ángel que subía del oriente y tenía el sello del Dios vivo. Y clamó a gran voz a los cuatro ángeles a quienes se había concedido dañar la tierra y el mar, diciendo: "No dañéis la tierra, el mar ni los árboles hasta que hayamos sellado a los siervos de nuestro Dios en sus frentes" (Ap. 7:1- 3).

Entonces, tan cierto como que "todas estas cosas" se ven ahora, tan cierto es que el día de la redención está cerca.

Y tan cierto como que el día de la redención está cerca, tan cierto es que el tiempo del sellamiento del pueblo de Dios está cerca, porque éstos deben ser sellados antes de ese gran día.

Pero es "el Espíritu Santo de Dios, por el cual sois sellados para el día de la redención".

El Señor está ahora, y desde hace más de un año, llamando especialmente a Su pueblo a recibir el Espíritu Santo. Y como la obra del Espíritu Santo es sellar al receptor para el día de la redención, esto demuestra tanto que el día de la redención está cerca como que ahora es el tiempo del sellamiento de los siervos de Dios, porque el sellamiento de los siervos de Dios debe preceder al día de la redención.

Así, toda señal, tanto en la iglesia como en el mundo, testifica a gran voz que el día de la redención está cerca, y que el tiempo del sellamiento de los siervos de Dios también está ciertamente cerca.

Pero, ¿quieres que te lo diga una autoridad directa? Aquí está: "Ha llegado el tiempo en que todos los que trabajan en las líneas de Cristo tendrán la marca de Dios, en palabras, en espíritu, en carácter, en honor a Emanuel."—Testimonio, 20 de septiembre de 1898.

Dios llama a todos a recibir el Espíritu Santo, porque por el Espíritu Santo "sois sellados para el día de la redención;" y "el tiempo ha llegado" para que los siervos de nuestro Dios sean sellados, para que "tengan la marca de Dios en palabras, en espíritu, en carácter, en honor a Emanuel." ¿Dónde estás? ¿Cómo estás?

"Prepárate, prepárate, prepárate". "Pedid y se os dará". "Recibid el Espíritu Santo." "Sed llenos" "del Espíritu Santo de Dios, con el cual fuisteis sellados para el día de la redención".

The Advent Review and Sabbath Herald, 29 de noviembre de 1898.

Capítulo 21—Perfeccionarnos para la Redención

El mensaje avanza tan rápidamente que se requiere una vigilancia constante y una atención diligente para seguirle el ritmo. Y triste es para el que se queda atrás ahora, ya sea un laico, o uno que debe soportar la carga y la responsabilidad de actuar en capacidad pública. Para mantenerse en pie, todos deben tener una consagración constante; de hecho, la consagración, para ser consagración, debe ser constante.

En 2 Crónicas 25:1, 2, leemos que Amasías reinó veintinueve años en Jerusalén, y que durante ese tiempo "hizo lo recto ante los ojos de Jehová, pero no con corazón leal [perfecto]." Hay Amasías hoy en día, y les resulta fácil comportarse de tal manera que los hombres consideran sus actos como "rectos a los ojos del Señor", pero Dios no acepta su servicio. El Señor vendrá pronto. En aquel día sólo los "puros de corazón" verán a Dios para salvación. ¿Hay alguien que conozca estas verdades, y sin embargo se demore en orar, desde lo más profundo de su alma: "Examíname, oh Dios, y conoce mi corazón; pruébame y conoce mis angustias; y ve si hay en mí camino de perversidad, y guíame por el camino eterno" (Sal. 139:23, 24)?

"Ha llegado el momento en que todos los que trabajan en las líneas de Cristo tendrán la marca de Dios, en palabras, en espíritu, en carácter, en honor a Emanuel". Pero Dios nunca pondrá Su marca sobre palabras que no sean verdaderas y puras, ni sobre un espíritu que no sea recto. Nunca pondrá Su sello sobre un carácter que no sea perfecto, ni el honor de Emanuel que no sea genuino.

Dios no puede poner su sello en nada que esté en cualquier aspecto lejos de la perfección. Entonces, como ha llegado el tiempo en que todos los que trabajan en las líneas de Cristo tendrán la marca de Dios, esto dice que estamos en el tiempo en que Dios llevará a la perfección a todos los que trabajan en las líneas de Cristo. ¡Gracias al Señor! ¡Qué promesa tan preciosa! ¡Qué pensamiento tan alentador! Pero sin el Espíritu Santo, nadie puede tener esta marca; porque es sólo "el Espíritu Santo de Dios, por el cual fuisteis sellados para el día de la redención"

De nuevo: nadie puede recibir esta marca que esté en cualquier punto falto de perfección; y nadie puede tener la marca, sin el Espíritu Santo; por lo tanto, es la obra del Espíritu Santo ahora llevar a la perfección a todos los que trabajan en las líneas de Cristo. El Espíritu Santo es dado ahora sin medida; y el Señor está llamando a todos a recibir el Espíritu Santo. El Espíritu Santo, una vez dado, ha de impartir dones "a cada uno según su voluntad". El objeto de estos dones es el perfeccionamiento de los santos. Y este objeto se cumplirá al llevar a todos "a la unidad de la fe y del conocimiento del Hijo de Dios, a un varón perfecto, a la medida de la estatura de la plenitud de Cristo".

Por tanto, "recibid el Espíritu Santo" y "codiciad fervorosamente los mejores dones", para que así seáis llevados a la perfección y recibáis el sello de Dios, en palabras, en espíritu, en carácter y en honor a Emanuel.

"Con palabras", porque "no hemos recibido el espíritu del mundo, sino el Espíritu que procede de Dios, para que conozcamos lo que Dios nos ha concedido. Estas cosas también hablamos, no con palabras que enseña la sabiduría humana, sino con las que enseña el Espíritu Santo" (1 Co 2,12.13).

"En espíritu", porque "si alguno no tiene el Espíritu de Cristo, no es de Él"; y si alguno tiene el Espíritu de Cristo, esto "es vida por justicia" (Rom. 8:9, 10).

"En carácter"; porque "la justa exigencia de la ley puede cumplirse en nosotros, que no andamos según la carne, sino según el Espíritu" (Rom. 8:4); y "aquí están los que guardan los mandamientos de Dios y la fe de Jesús" (Ap. 14:12).

"En honor de Emanuel", porque no adorarán a la bestia ni a su imagen, ni recibirán su marca en la frente ni en la mano. ¡Qué bueno es el Señor, al darnos su Espíritu Santo para llevarnos a la perfección, para que tengamos la marca de Dios en las palabras, en las acciones, en el carácter, en nuestro honor a Emanuel; y así ser sellados con el sello del Dios vivo!

"Y el Dios de paz que resucitó de entre los muertos a nuestro Señor Jesús, el gran Pastor de las ovejas, por la sangre de la alianza eterna, os haga COMPLETOS [PERFECTOS] en toda obra buena para que hagáis su voluntad, haciendo en vosotros lo que es agradable delante de él, por Jesucristo, a quien sea la gloria por los siglos de los siglos. Amén" (Heb. 13:20, 21).

"Pedid y se os dará". "Recibid el Espíritu Santo". "Sed llenos" "del Espíritu Santo de Dios, con el cual fuisteis sellados para el día de la redención". Porque he aquí "está cerca, a las puertas".

The Advent Review and Sabbath Herald, 6 de diciembre de 1898.

Capítulo 22—El Misterio de Dios

Está escrito que "en los días de la voz del séptimo ángel, cuando esté a punto de sonar, se consumará el misterio de Dios" (Ap. 10:7).

El misterio de Dios "es Cristo en vosotros, esperanza de gloria" (Col 1,26.27).

La consumación del misterio de Dios, pues, es la consumación de la obra de "Cristo en vosotros".

La consumación de la obra de Cristo en ti es llevarte a la perfección en Cristo Jesús.

Y el llevaros a la perfección en Cristo Jesús, es por el poder del Espíritu Santo, "según la operación por la cual puede también sujetar a sí mismo todas las cosas" (Fil. 3:21).

Porque el Espíritu Santo es dado, impartiendo Sus preciosos dones, expresamente "para la capacitación de los santos, . . . hasta que todos lleguemos a la unidad de la fe y del conocimiento del Hijo de Dios, a un varón perfecto, a la medida de la estatura de la plenitud de Cristo" (Ef. 4:12, 13).

Esto se promete para "los días [días-años proféticos] de la voz del séptimo ángel [trompeta], cuando comience a tocar."

El séptimo ángel comenzó a sonar en 1844, ha estado sonando desde entonces, y todavía continúa sonando, y todavía continuará sonando durante mucho tiempo, incluso hasta que todo infortunio haya pasado de la tierra.

Pero no es al final de su sonar; no es tarde en los años de su sonar, -no, es en los años en que él comenzará a sonar, -que el misterio de Dios, la obra de Cristo en ti, será terminada.

Y como ahora lleva sonando cincuenta y cuatro años [179 años en 2023] con el misterio de Dios, la obra de Cristo en vosotros, aún no terminada, esto demuestra que esta obra se ha retrasado. Pero por parte del Señor nunca hay ningún retraso: ahora es siempre el momento con Él. Este retraso es totalmente de parte de Su pueblo. El pueblo del Señor ha vacilado, y se ha demorado en entregarse completamente para ser trabajado por el Espíritu Santo en la imagen completa del Señor Jesús. Muchos han demorado para que Él siquiera comience el misterio de Dios, la obra de Cristo en ellos para terminarla, mucho menos.

Esto nunca será así. Esto ya no debe ser así. Ahora es el momento. Estos son los días. El séptimo ángel está sonando. Las naciones están enojadas. La ira de Dios está a punto de caer. Es el tiempo de los muertos y de los vivos, cuando serán juzgados; y cuando dará recompensa a los santos, y a los profetas, y a los que temen su nombre, así pequeños como grandes. Es el tiempo en que los reinos de este mundo se convertirán en los reinos de nuestro Dios y de su Cristo; y cuando Él destruirá a los que corrompen la tierra. (Apoc. 11:15-18). Oh, es el tiempo en que el misterio de Dios debe ser, sí, y será, ¡terminado!

Y la consumación de este misterio es el perfeccionamiento de los creyentes hasta la medida de la estatura de la plenitud de Cristo.

El misterio de la piedad es que "Dios se manifestó en carne" (1 Tim. 3:16). Y la terminación de este misterio significa no sólo la terminación de la obra de Dios en el creyente, para que el creyente refleje sólo a Cristo, -todo de Dios y nada de sí mismo-, sino que significa también que esta manifestación de Dios en la carne terminará, y que Él se manifestará sólo en el Espíritu: y esto significa el cambio de los creyentes de carne a espíritu; y esto significa la traslación. ¡Gracias al Señor!

Y ahora es el momento. Estamos en los días en que se consumará el misterio de Dios, lo que significa que estamos en los días en que Dios preparará a su pueblo para la traslación, llevándonos a la perfección según la medida de la estatura de la plenitud de Cristo. ¡Bendito sea el Señor!

Qué promesa tan preciosa, qué perspectiva tan bendita es esa, que tú y yo seremos perfectos, perfectos según la propia norma de Dios, perfectos como Cristo fue perfecto. Sí, y perfectos como Él es perfecto; porque "sabemos que cuando Él se manifieste, seremos semejantes a Él, porque le veremos [no como era, sino] como Él ES" (1 Juan 3:2).

"El Señor perfeccionará lo que me concierne" (Sal. 138:8). ¡Bendito sea Su nombre! Sólo Él debe hacer perfecto a cualquiera. Y Él "os hará perfectos en toda obra buena para que hagáis su voluntad, haciendo en vosotros lo que es agradable delante de él", "por la sangre del pacto eterno", "por Jesucristo; a quien sea la gloria por los siglos de los siglos. Amén".

¿Quién puede vacilar y demorarse más en entregarlo todo a Dios, para que Él lo perfeccione?

No pienses ni por un momento que le llevará mucho tiempo, como te ha llevado a ti, y en vano. Él hace este trabajo por creación, no por evolución. Él lo hace, tú no puedes hacerlo. Él lo hace por Su palabra, no tú lo haces por tus vanos esfuerzos. Lee esto:-

"Mientras tantos de los nuestros han estado rondando el misterio de la fe y la piedad, podrían haber resuelto el asunto proclamando: 'Sé que Cristo es mi porción para siempre. Su misericordia, su mansedumbre, me ha engrandecido'. " (Testimonio, 20 de septiembre de 1898; Ellen G. White, This Day With God, p.231)

¿Por qué, entonces, no resolver este misterio de la fe y de la piedad ahora mismo, cuando se resuelve tan fácil y rápidamente? ¿Por qué no dejar que Dios termine Su misterio en ti, según Su propio propósito en Cristo Jesús? ¿Por qué no, ahora mismo, recibir Su Espíritu Santo en toda Su plenitud y obra de gracia, para que Él pueda perfeccionarlos a la medida de la estatura de la plenitud de Cristo? ¿Por qué no?

"Pedid y se os dará". "Recibid el Espíritu Santo". "Sed llenos" "del Espíritu Santo de Dios", por cuya sola obra puede consumarse en vosotros el misterio de Dios, y "por el cual fuisteis sellados para el día de la redención."

The Advent Review and Sabbath Herald, 13 de diciembre de 1898.

Un comentario adicional sobre Colosenses 1:26, 27

Elena de White hace muchas declaraciones respecto al misterio de Dios, que es "Cristo en vosotros, la esperanza de gloria". En consonancia con el tema de este artículo, se incluyen a continuación tres poderosos comentarios para el estudio adicional de los lectores.—*el editor.*

"La encarnación de Jesucristo, el hijo divino de Dios, *'Cristo en vosotros, la esperanza de gloria'*, *es el gran tema del Evangelio*. En Él habita corporalmente toda la plenitud de la Divinidad. Y vosotros estáis completos en Él". " Colosenses 1:27; 2:9, 10. -*Ellen G. White, Christian Experience and Teachings, pág. 246.*

"Cristo en vosotros, esperanza de gloria". *El conocimiento de este misterio proporciona la clave de todos los demás.* Abre al alma los tesoros del universo, las posibilidades de un desarrollo infinito". -*Ellen G. White, Mi vida hoy, p. 301.*

"Un gran número de los que pretenden creer la verdad presente, *no saben lo que constituye la fe* que una vez fue entregada a los santos: *Cristo en vosotros, la esperanza de gloria*. Piensan que defienden los antiguos hitos, pero son tibios e indiferentes". -*Materiales de Ellen G. White 1888, p. 403.*

Capítulo 23—Imputar e Impartir

"Ha llegado el momento en que todos los que trabajan en las líneas de Cristo tendrán la marca de Dios, en palabras, en espíritu, en carácter, en honor a Emanuel".

El hombre que iba a poner la marca de Dios sobre el pueblo "estaba vestido de lino". Y "el lino fino son las acciones de justicia de los santos" (Ap. 19:8).

Esta marca, entonces, que él pone sobre el pueblo, es la marca de la justicia, el carácter, de Dios, "aun la justicia de Dios que es por [la] fe de Jesucristo para todos y sobre todos los que creen. Porque no hay diferencia" (Rom. 3:22).

Esta marca se establece únicamente por medio del Espíritu de Dios. "Porque la ley del Espíritu de vida en Cristo Jesús me ha liberado de la ley del pecado y de la muerte. . . para que la justa exigencia de la ley se cumpliese en nosotros, que no andamos según la carne, sino según el Espíritu" (Rom. 8:2, 4).

De nuevo: "Cristo nos redimió de la maldición de la ley... para que la bendición de Abraham llegara a los gentiles en Cristo Jesús, a fin de que recibiéramos la promesa del Espíritu mediante la fe" (Gal. 3:13, 14).

La bendición de Abraham es la justicia de Dios. La justicia de Dios sólo viene por la fe. Y cuando le llegó a Abraham, recibió entonces la señal de la circuncisión, un "sello de la justicia de la fe que tenía" (Rom. 4:11).

La verdadera circuncisión es "la del corazón, en el Espíritu" (Rom. 2, 29). Por consiguiente, el don del Espíritu Santo es el sello de la justicia de la fe que tenemos. Es el sello de la justicia de Dios que se nos imputa por la fe antes de ser circuncidados, y también el sello de la justicia de Dios que se nos imparte por la fe después de haber sido circuncidados.

"Y el Señor tu Dios circuncidará tu corazón... para que ames al Señor tu Dios con todo tu corazón y con toda tu alma, para que vivas" (Dt 30,6). Amar a Dios con todo el corazón y con toda el alma es el vínculo de la perfección. Es el amor de Dios, que se derrama en nuestros corazones por el Espíritu Santo, que nos es dado. Y "este es el amor de Dios, que guardemos sus mandamientos". Y como todos sus mandamientos son justicia; como la observancia de sus mandamientos es la manifestación del amor de Dios en la vida; y como este amor de Dios se derrama en la vida por el Espíritu Santo, ésta es la justicia de la ley, que se cumple en nosotros, que no andamos según la carne, sino según el Espíritu.

Así, como el Espíritu Santo es el sello de la justicia, es sólo por medio del Espíritu Santo de Dios que la marca de Dios puede ser puesta sobre nosotros en nuestras palabras, acciones y caracteres, en nuestro honor de Emanuel. Y en verdad es el Espíritu Santo de Dios "por quien fuisteis sellados para el día de la redención." Ef. 4:30. Y "ha llegado el tiempo en que todos los que trabajan en las líneas de Cristo tendrán la marca de Dios."

¿Tienes la marca de Dios? ¿Tienes el sello de la justicia de Dios? Si no es así, ¿por qué no? Si la justicia de Dios es un don gratuito para todos, ¿por qué no lo aceptáis? Nunca encuentras ninguna dificultad en aceptar un don gratuito que te otorga un hombre:

¿por qué habrías de encontrar alguna dificultad en aceptar este don gratuito que te otorga el Señor?

Acepta, pues, en toda su plenitud la justicia de Dios que se te da gratuitamente. Entonces, sobre esto, recibe la promesa del Espíritu a través de la fe. Entonces sigue mirando a ese Espíritu y depende de él para que te imparta la justicia de Dios, perfeccione en ti la obra de Cristo y te selle "para el día de la redención."

Y el día de la redención está a las puertas. Esto es cierto; porque cuando al hombre vestido de lino, con el tintero del escritor a su lado, se le ordenó "pasar por en medio de la ciudad,. . . y ponga una marca en la frente de los hombres que suspiran y lloran por todas las abominaciones que se hacen en ella", a los otros que tenían las armas destructoras en sus manos se les dijo: "Id tras él por la ciudad y matad: . . . pero no os acerquéis a nadie en quien esté la marca; y comenzad por mi santuario" (Eze. 9:1-6). Los que tienen las armas destructoras siguen en breve, si no de cerca, "tras aquel" que pone la marca de Dios. Y como "ha llegado el tiempo en que la marca de Dios" está siendo puesta, no puede pasar mucho tiempo antes de que los que tienen las armas destructoras pasen también.

¿Tienes la justicia de Dios imputada e impartida, que Dios puede sellar por su Espíritu Santo? Es un don gratuito para todo aquel que cree.

"Pedid y se os dará". "Recibid el Espíritu Santo". "Sed llenos" "del Espíritu Santo de Dios, con el cual fuisteis sellados para el día de la redención".

The Advent Review and Sabbath Herald, 20 Diciembre 1898, p. 814.

Sellado

"Y no contristéis al Espíritu Santo de Dios, con el cual fuisteis sellados para el día de la redención" (Ef. 4:30). Cuando algo es sellado, es hecho seguro; y Dios por Su Espíritu Santo está ahora sellando corazones para la eternidad. ¿Dejarás que el Espíritu Santo haga Su obra en ti? ¡Déjalo, déjalo!

The Advent Review and Sabbath Herald, 20 Diciembre 1898, p. 817.

Capítulo 24—Bautizados por el Espíritu

Las personas reciben el Espíritu de Dios cuando son bautizadas con el Espíritu Santo. Por Él son bautizados en la unidad divina, la unidad por la que oró Jesús.

"Porque por un solo Espíritu fuimos todos bautizados en un solo cuerpo -judíos o griegos, esclavos o libres-, y a todos se nos dio a beber de un mismo Espíritu" (1 Co 12,13). Y esta unidad es de ayuda y dependencia tanto individual como mutua.

Es la unidad de la ayuda individual y mutua; porque el Espíritu Santo se da solo para capacitarnos para el servicio. Y así está escrito: "El Espíritu del Señor Dios está sobre mí, porque me ha ungido el Señor para anunciar buenas nuevas a los pobres; me ha enviado a sanar a los quebrantados de corazón, a pregonar libertad a los cautivos, y a los presos apertura de la cárcel" (Isa. 61:1). Y, "Dios ungió con el Espíritu Santo y con poder a Jesús de Nazaret, que anduvo haciendo bienes y sanando a todos los oprimidos por el diablo, porque Dios estaba con él" (Hch. 10:38).

Es también la unidad de la dependencia individual y mutua; porque los dones del Espíritu son muchos, y se reparten "a cada uno individualmente como Él quiere" (1 Co. 12:11). Estos dones se dan "para la edificación del cuerpo de Cristo", "que es la Iglesia". Cada don es esencial para la Iglesia. Pero como ninguna persona tiene todos los dones, cada uno depende de todos los demás para los beneficios que cada don imparte a la iglesia.

Por eso está escrito: "Dios ha puesto los miembros, cada uno de ellos, en el cuerpo tal como Él quiso. Y si todos fueran un solo miembro, ¿dónde estaría el cuerpo? Pero ahora hay muchos miembros, pero un solo cuerpo. Y el ojo no puede decir a la mano: "No te necesito"; ni tampoco la cabeza a los pies: "No te necesito". No, mucho más bien, aquellos miembros del cuerpo que parecen ser más débiles son necesarios. Y aquellos miembros del cuerpo que nos parecen menos honrosos, a éstos les concedemos mayor honor; y nuestras partes impresentables tienen mayor pudor" (1 Cor. 12, 18-23).

Así como el cuerpo humano se compone de muchos miembros, y cada miembro en su lugar es esencial para la simetría del cuerpo; y así como cada miembro del cuerpo humano, por pequeño y débil que sea, o por grande y fuerte que sea, depende de cada uno de los demás miembros del cuerpo, para la acción apropiada del cuerpo tal como Dios lo diseñó; así es el cuerpo de Cristo: la iglesia. Y así como bajo "la inspiración del Todopoderoso" hay unidad divina en el cuerpo humano, así también bajo el bautismo del Espíritu Santo, la inspiración del Todopoderoso, hay unidad divina en el cuerpo de Cristo, que es la iglesia.

Bajo el reinado del Espíritu Santo, ningún miembro de la iglesia puede decir de otro: "No tengo necesidad de ti"; ni siquiera la cabeza puede decir a los pies: "No tengo necesidad de ti". Cuánto menos, pues, puede un miembro del cuerpo decir a otro: "No tengo necesidad de ti". Porque "Dios compuso el cuerpo, dando mayor honor a la parte que le falta, para que no haya cisma en el cuerpo, sino que los miembros tengan el mismo cuidado los unos de los otros. Y si un miembro padece, todos los miembros padecen con él; o si un miembro recibe honra, todos los miembros se gozan con él" (1 Cor. 12, 24-26).

"Ahora sois el cuerpo de Cristo, y miembros individualmente" (v. 27). Y ahora Cristo está bautizando a su pueblo con el Espíritu Santo en esta unidad divina de la Iglesia de Cristo. ¡Gracias al Señor! ¿Está usted bautizado en esta unidad divina? o ¿hay división donde usted está? ¿Está Cristo dividido? "Por un solo Espíritu fuimos todos bautizados en un cuerpo", tan ciertamente como que somos bautizados con el Espíritu en absoluto. ¿Estás bautizado con el Espíritu Santo?

"Pedid y se os dará". "Recibid el Espíritu Santo". "Sed llenos" "del Espíritu Santo de Dios, con el cual fuisteis sellados para el día de la redención".

The Advent Review and Sabbath Herald, 3 de enero de 1899.

Capítulo 25—La Unidad del Espíritu

Aunque el gran objeto del don y de los dones del Espíritu Santo es la perfección de los creyentes, ésta no puede alcanzarse sin la unidad de los creyentes.

Porque de los dones del Espíritu está escrito que son "para la capacitación de los santos... hasta que todos lleguemos a la unidad de la fe y del conocimiento del Hijo de Dios, a un varón perfecto, a la medida de la estatura de la plenitud de Cristo" (Ef. 4:12, 13).

Esta unidad de los creyentes es el gran anhelo de Cristo, la única gran cosa por la que Él oró. "No ruego sólo por éstos, sino también por los que han de creer en mí por la palabra de ellos; para que todos sean uno". (Juan 17:20-23).

También indica cuál es el carácter de esta unidad: "Como Tú, Padre, en Mí, y Yo en Ti, que también ellos sean uno en Nosotros"; "que sean uno, como Nosotros somos uno: Yo en ellos y Tú en Mí, para que sean perfectos en uno". Esta unidad de los creyentes es la unidad divina misma; pues es tal "como" es la unidad entre el Padre divino y el Hijo divino.

Pero sin la naturaleza divina, ¿cómo puede hallarse la unidad divina entre los hombres? Tal como son naturalmente, los hombres no tienen el Espíritu de unidad, sino el espíritu de enemistad. "La mente carnal es enemistad contra Dios". Y siendo enemistad contra Dios, resulta en poner a los hombres en enemistad unos con otros. Y así los hombres siempre y en todas partes han trazado líneas, y construido muros de separación entre sí, líneas nacionales, líneas tribales, líneas aristocráticas, líneas de sociedad, líneas de color, líneas sectarias, etc., etc., etc.

Pero Jesucristo "es nuestra paz, que de ambos hizo uno, derribando la pared intermedia de separación, y aboliendo en su carne las enemistades, . . . para crear en sí mismo un solo hombre nuevo de los dos, haciendo así la paz, y para reconciliar a ambos con Dios en un solo cuerpo por medio de la cruz, matando así las enemistades. Y vino y os anunció la paz a vosotros que estabais lejos y a los que estaban cerca. Porque por Él tenemos ambos acceso al Padre por un mismo Espíritu" (Ef 2,13-18).

La cruz de Cristo destruye la enemistad contra Dios, y derriba también todas las líneas de separación y los muros de separación que, por obra de esta enemistad, los hombres han hecho entre sí; y el "único Espíritu" toma a todos aquellos en quienes la enemistad ha sido destruida al contemplar la cruz de Cristo, y los une a todos en "un solo cuerpo" en unidad divina.

Así pues, a menos que los hombres sean partícipes de la naturaleza divina, nunca podrán entrar en esta unidad divina que es la característica de la Iglesia de Cristo, y por la que el Señor oró tan fervientemente; y sin el Espíritu Santo de Dios, los hombres no pueden ser partícipes de la naturaleza divina. Porque siendo Dios Espíritu, y el Espíritu Santo Espíritu de Dios, es de la naturaleza divina; y quien participa del Espíritu Santo, participa de la naturaleza divina.

Por tanto, sólo el bautismo del Espíritu Santo puede llevar a los discípulos de Cristo a la unidad por la que Él oró: "que todos sean uno, como Tú, Padre, en Mí y Yo en Ti; que también ellos sean uno en Nosotros" (Jn 17, 21). Por eso está escrito: "Yo rogaré al Padre, y os dará otro Consolador, para que esté con vosotros para siempre: el Espíritu de verdad. . . . No os dejaré huérfanos; vendré a vosotros. . . . En aquel día sabréis que yo estoy en mi Padre, y vosotros en mí, y yo en vosotros" (Jn 14, 16-20).

El que es partícipe del Espíritu Santo, el que es bautizado con el Espíritu Santo, por ese mismo hecho se familiariza con la unidad divina del Padre y del Hijo; y él mismo está ligado a esa unidad divina. Y esta unidad del Espíritu con el Padre y el Hijo es tan preciosa que preferiría morir antes que separarse de ella. Y todos los que conocen esta unidad del Espíritu son uno, dondequiera o quienquiera que sean: son uno como el Padre y el Hijo son uno; porque su comunión del Espíritu es la comunión del Padre y del Hijo. Por un solo Espíritu son todos bautizados en un solo cuerpo; y ese cuerpo es el cuerpo de Cristo, en quien Dios -sí, toda la plenitud de la Deidad- habita corporalmente.

Esta es la unidad de los verdaderos creyentes en Jesús. No la unidad que debería ser; no, esta es la unidad que hay en todas partes entre los verdaderos creyentes en Jesús. Es la unidad divina. Es la unidad del Espíritu, en el Espíritu, con el Padre y el Hijo.

"Pedid y se os dará". "Recibid el Espíritu Santo". "Sed llenos" "del Espíritu Santo de Dios, con el cual fuisteis sellados para el día de la redención".

The Advent Review and Sabbath Herald, 17 de enero de 1899.

Capítulo 26—El Espíritu nos Enseña

Del Espíritu Santo, Jesús dijo: "Él me glorificará, porque tomará de lo mío y os lo anunciará" (Juan 16:14).

Declarar una cosa es llamar especialmente la atención sobre ella, señalar sus atractivos y su valor.

Esto es lo que el Espíritu Santo nos hace con las cosas de Dios. Él toma las cosas de Dios, y las presenta a nuestra vista, las hace claras a nuestro entendimiento.

Es necesario que así sea, porque estas grandes cosas están tan lejos de nuestra vista y de nuestra comprensión que "ojo no vio, ni oído oyó, ni han subido en corazón de hombre las cosas que Dios ha preparado para los que le aman" (1 Cor. 2:9).

Pero el Señor, en su misericordia y mansedumbre, encomienda todas estas cosas al Espíritu, para que nos las "declare"; "porque el Espíritu todo lo escudriña, aun lo profundo de Dios" (1 Co 2,10).

No es sólo que Él "escudriñe todas las cosas", sino que Él ha de declararnos "todas las cosas"; pues Jesús dijo: "Mías son todas las cosas que tiene el Padre. Por eso dije que tomará de lo mío y os lo declarará" (Juan 16:15).

Toda la riqueza, toda la gloria, toda la belleza, de todas las cosas maravillosas de Dios son gratis para nosotros; nada es retenido. Para que podamos conocer todas estas cosas, es una de las razones por las que se nos da el Espíritu Santo. Estas cosas tienen una profundidad eterna y un alcance infinito, y sólo "el Espíritu eterno" puede comprenderlas plenamente. "Nadie conoce las cosas de Dios, sino el Espíritu de Dios" (1 Co 2,11). Por tanto, es a Él a quien le es dado declarárnoslas.

"Pero el Consolador, el Espíritu Santo, a quien el Padre enviará en mi nombre, Él os enseñará todas las cosas y os recordará todo lo que yo os he dicho" (Jn 14,26).

¡Qué profesor tan maravilloso! ¡Qué maravillosa escuela! Una universidad, sí, la universidad, de hecho. ¿Has entrado en la escuela? ¿Tienes este maravilloso Maestro?

"Pedid y se os dará". "Recibid el Espíritu Santo". "Porque todo el que pide, recibe". "Sed llenos" "del Espíritu Santo de Dios, con el cual fuisteis sellados para el día de la redención".

Durante más de un año, en la demostración y el poder del Espíritu, el mensaje ha estado yendo a este pueblo, "Recibid el Espíritu Santo." ¿Y cuál es Su oficio? - "Y no contristéis al Espíritu Santo de Dios, con el cual fuisteis sellados para el día de la redención". El día de la redención está a la mano. ¿Quieres ser sellado? Entonces ahora, justo ahora, entréguese al instrumento que logrará este resultado.

The Advent Review and Sabbath Herald, 28 de febrero de 1899.

Otros libros de Elena G. de White que no han sido publicados anteriormente:

1. 1888 Materiales Volumen 1.
2. 1888 Materiales Volumen 2.
3. 1888 Materiales Volumen 3.
4. 1888 Materiales Volumen 4.
5. Lecciones de la vida de Salomón.
6. Comentario exhaustivo sobre el Génesis.
7. Comentario exhaustivo sobre Daniel.
8. Comentario exhaustivo sobre el Apocalipsis.
9. La vida de Pablo: Lecciones.
10. Vida Sana
11. Temperancia Cristiana e Higiene bíblica.
12. Sermones de 1888.
13. Colección Spalding y Magan.
14. Cartas a Battle Creek.
15. Mensajes de Loma Linda.
16. El Joven Instructor Volumen 1 (Artículos originales).
17. El Joven Instructor Volumen 2 (Artículos originales).

¡¡¡¡¡¡¡MÁS ESTARÁN DISPONIBLES!!!!!!

*Si quieres comprarlos al por mayor (40% de descuento), están en cajas de 50 libros (se pueden mezclar) y puedes contactar con nosotros en este email:
lsdistribution07@gmail.com

Otros libros del mensaje de 1888 disponibles:

1. Descubriendo la Cruz, Autor: Robert J. Wieland.
2. Introducción al Mensaje de 1888, Autor: Robert J. Wieland.
3. 1888 Reexaminado, Autores: Robert J. Wieland y Donald K. Short.
4. He aquí que estoy a la puerta y llamo, Autor: Robert J. Wieland.
5. Diez grandes verdades del Evangelio, Autor: Robert J. Wieland.
6. Nuestro Glorioso Futuro, Autor: Robert J. Wieland.
7. Modern Revivals, Autor: Robert J. Wieland.
8. El Verbo se hizo carne, Autor: Ralph Larson.
9. La Cristología en los Escritos de Ellen G. White, Autor: Ralph Larson.
10. El Evangelio en Gálatas, Autor: E. J. Waggoner.
11. Carta a los Romanos, Autor: E. J. Waggoner.
12. El Pacto Eterno, Autor: E. J. Waggoner.
13. Cristo y Su Justicia, Autor: E. J. Waggoner.
14. Materiales de 1888; Volúmenes 1-4 en español, Autora: Ellen G. White.
15. El Camino Consagrado a la Perfección Cristiana, Autor: A. T. Jones.
16. El Mensaje del Tercer Angel; 3 Volúmenes, Autor: A. T. Jones.
17. Lecciones sobre la fe, Autores: A. T. Jones y E. J. Waggoner.
18. El hombre de Romanos 7: Ralph Larson & Ellet J. Waggoner.

¡¡¡¡¡¡¡Y VENDRÁN MÁS!!!!!!

*Si desea adquirirlos al por mayor (40% de descuento), son por cajas de 50 libros (se pueden mezclar) y puede ponerse en contacto con nosotros en este correo electrónico: lsdistribution07@gmail.com

www.ingramcontent.com/pod-product-compliance
Lightning Source LLC
LaVergne TN
LVHW051957060526
838201LV00059B/3697